"问道·强国之路"丛书　　主编＿＿董振华

马杰——主编

建设航天强国

中国青年出版社

"问道·强国之路"丛书

出版说明

为中国人民谋幸福、为中华民族谋复兴，是中国共产党的初心使命。

中国共产党登上历史舞台之时，面对着国家蒙辱、人民蒙难、文明蒙尘的历史困局，面临着争取民族独立、人民解放和实现国家富强、人民富裕的历史任务。

"蒙辱""蒙难""蒙尘"，根源在于近代中国与工业文明和西方列强相比，落伍、落后、孱弱了，处处陷入被动挨打。

跳出历史困局，最宏伟的目标、最彻底的办法，就是要找到正确道路，实现现代化，让国家繁荣富强起来、民族振兴强大起来、人民富裕强健起来。

"强起来"，是中国共产党初心使命的根本指向，是近代以来全体中华儿女内心深处最强烈的渴望、最光辉的梦想。

从 1921 年红船扬帆启航，经过新民主主义革命、社会主义革命和社会主义建设、改革开放和社会主义现代化建设、中国特色社会主义新时代的百年远征，中国共产党持续推进马克思主义基本原理同中国具体实际相结合、同中华优秀传统文化相结合，在马克思主义中国化理论成果指引下，带领全国各族人民走出了一条救国、建国、富国、强国的正确道路，推动中华民族迎来了从站起来、富起来到强起来的伟大飞跃。

一百年来，从推翻"三座大山"、为开展国家现代化建设创造根本社会条件，在革命时期就提出新民主主义工业化思想，到轰轰烈烈的社会主义工业化实践、"四个现代化"宏伟目标，"三步走"战略构想，"两个一百年"奋斗目标，中国共产党人对建设社会主义现代化强国的孜孜追求一刻也没有停歇。

新思想领航新征程，新时代铸就新伟业。

党的十八大以来，中国特色社会主义进入新时代，全面"强起来"的时代呼唤愈加热切。习近平新时代中国特色社会主义思想立足实现中华民族伟大复兴战略全局和世界百年未有之大变局，深刻回答了新时代建设什么样的社会主义现代化强国、怎样建设社会主义现代化强国等重大时代课题，擘画了建设社会主义现代化强国的宏伟蓝图和光明前景。

从党的十九大报告到党的十九届五中全会通过的《中共中央关于制定国民经济和社会发展第十四个五年规划和二〇三五年远景目标的建议》、党的十九届六中全会通过的《中共中央关于党的百年奋斗重大成就和历史经验的决议》，建设社会主义现代化强国的号角日益嘹亮、目标日益清晰、举措日益坚实。在以习近平同志为核心的党中央的宏伟擘画中，"人才强国"、"制造强国"、"科技强国"、"质量强国"、"航天强国"、"网络强国"、"交通强国"、"海洋强国"、"贸易强国"、"文化强国"、"体育强国"、"教育强国",以及"平安中国"、"美丽中国"、"数字中国"、"法治中国"、"健康中国"等,一个个强国目标接踵而至,一个个美好愿景深入人心,一个个扎实部署深入推进,推动各个领域的强国建设按下了快进键、迎来了新高潮。

"强起来",已经从历史深处的呼唤,发展成为我们这个时代的最高昂旋律;"强国建设",就是我们这个时代的最突出使命。为回应时代关切,2021年3月,我社发起并组织策划出版大型通俗理论读物——"问道·强国之路"丛书,围绕"强国建设"主题,系统集中进行梳理、诠释、展望,帮助引导大众特别是广大青年学习贯彻习近平新时代中国特色社会主义思想,踊跃投身社会主义现代化强国建设伟大实践,谱写壮美新时代之歌。

"问道·强国之路"丛书共17册,分别围绕党的十九大报告等党的重要文献提到的前述17个强国目标展开。

丛书以习近平新时代中国特色社会主义思想为指导,聚焦新时代建设什么样的社会主义现代化强国、怎样建设社会主义现代化强国,结合各领域实际,总结历史做法,借鉴国际经验,展现伟大成就,描绘光明前景,提出对策建议,具有重要的理论价值、宣传价值、出版价值和实践参考价值。

丛书突出通俗理论读物定位,注重政治性、理论性、宣传性、专业性、通俗性的统一。

丛书由中央党校哲学教研部副主任董振华教授担任主编,红旗文稿杂志社社长顾保国担任总审稿。各分册编写团队阵容权威齐整、组织有力，既有来自高校、研究机构的权威专家学者，也有来自部委相关部门的政策制定者、推动者和一线研究团队；既有建树卓著的资深理论工作者，也有实力雄厚的中青年专家。他们以高度的责任、热情和专业水准，不辞辛劳，只争朝夕，潜心创作，反复打磨，奉献出精品力作。

在共青团中央及有关部门的指导和支持下，经过各方一年多的共同努力，丛书于近期出版发行。

在此，向所有对本丛书给予关心、予以指导、参与创作和编辑出版的领导、专家和同志们诚挚致谢！

让我们深入学习贯彻习近平新时代中国特色社会主义思想，牢记初心使命，盯紧强国目标，奋发勇毅前行，以实际行动和优异成绩迎接党的二十大胜利召开！

中国青年出版社

2022年3月

"问道·强国之路"丛书总序：

沿着中国道路，阔步走向社会主义现代化强国

实现中华民族伟大复兴，就是中华民族近代以来最伟大的梦想。党的十九大提出到2020年全面建成小康社会，到2035年基本实现社会主义现代化，到本世纪中叶把我国建设成为富强民主文明和谐美丽的社会主义现代化强国。在中国这样一个十几亿人口的农业国家如何实现现代化、建成现代化强国，这是一项人类历史上前所未有的伟大事业，也是世界历史上从来没有遇到过的难题，中国共产党团结带领伟大的中国人民正在谱写着人类历史上的宏伟史诗。习近平总书记在庆祝改革开放40周年大会上指出："建成社会主义现代化强国，实现中华民族伟大复兴，是一场接力跑，我们要一棒接着一棒跑下去，每一代人都要为下一代人跑出一个好成绩。"只有回看走过的路、比较别人的路、远眺前行的路，我们才能够弄清楚我

们为什么要出发、我们在哪里、我们要往哪里去，我们也才不会迷失远航的方向和道路。"他山之石，可以攻玉。"在建设社会主义现代化强国的历史进程中，我们理性分析借鉴世界强国的历史经验教训，清醒认识我们的历史方位和既有条件的利弊，问道强国之路，从而尊道贵德，才能让中华民族伟大复兴的中国道路越走越宽广。

一、历经革命、建设、改革，我们坚持走自己的路，开辟了一条走向伟大复兴的中国道路，吹响了走向社会主义现代化强国的时代号角。

党的十九大报告指出："改革开放之初，我们党发出了走自己的路、建设中国特色社会主义的伟大号召。从那时以来，我们党团结带领全国各族人民不懈奋斗，推动我国经济实力、科技实力、国防实力、综合国力进入世界前列，推动我国国际地位实现前所未有的提升，党的面貌、国家的面貌、人民的面貌、军队的面貌、中华民族的面貌发生了前所未有的变化，中华民族正以崭新姿态屹立于世界的东方。"中国特色社会主义所取得的辉煌成就，为中华民族伟大复兴奠定了坚实的基础，中国特色社会主义进入了新时代。这意味着中国特色社会主义道路、理论、制度、文化不断发展，拓展了发展中国家走向现代化的途径，给世界上那些既希望加快发展又希望保持自身独立性的国家和民族提供了全新选择，为解决人类问题贡献了中国智慧和中国方案，同时也昭示着中华民族伟大复兴的美好前景。

新中国成立70多年来，我们党领导人民创造了世所罕见的经济快速发展奇迹和社会长期稳定奇迹，以无可辩驳的事实宣示了中国道路具有独特优势，是实现伟大梦想的光明大道。习近平总书记在《关于〈中共中央关于制定国民经济和社会发展第十四个五年规划和二〇三五年远景目标的建议〉的说明》中指出："我国有独特的政治优势、制度优势、发展优势和机遇优势，经济社会发展依然有诸多有利条件，我们完全有信心、有底气、有能力谱写'两大奇迹'新篇章。"但是，中华民族伟大复兴绝不是轻轻松松、敲锣打鼓就能实现的，全党必须准备付出更为艰巨、更为艰苦的努力。

过去成功并不意味着未来一定成功。如果我们不能找到中国道路成功背后的"所以然"，那么，即使我们实践上确实取得了巨大成功，这个成功也可能会是偶然的。怎么保证这个成功是必然的，持续下去走向未来？关键在于能够发现背后的必然性，即找到规律性，也就是在纷繁复杂的现象背后找到中国道路的成功之"道"。只有"问道"，方能"悟道"，而后"明道"，也才能够从心所欲不逾矩而"行道"。只有找到了中国道路和中国方案背后的中国智慧，我们才能够明白哪些是根本的因素必须坚持，哪些是偶然的因素可以变通，这样我们才能够确保中国道路走得更宽更远，取得更大的成就，其他国家和民族的现代化道路才可以从中国道路中获得智慧和启示。唯有如此，中国道路才具有普遍意义和世界意义。

二、世界历史沧桑巨变，照抄照搬资本主义实现强国是没有出路的，我们必须走出中国式现代化道路。

现代化是18世纪以来的世界潮流，体现了社会发展和人类文明的深刻变化。但是，正如马克思早就向我们揭示的，资本主义自我调整和扩张的过程不仅是各种矛盾和困境丛生的过程，也是逐渐丧失其生命力的过程。肇始于西方的、资本主导下的工业化和现代化在创造了丰富的物质财富的同时，也拉大了贫富差距，引发了环境问题，失落了精神家园。而纵观当今世界，资本主义主导的国际政治经济体系弊端丛生，中国之治与西方乱象形成鲜明对比。照抄照搬西方道路，不仅在道义上是和全人类共同价值相悖的，而且在现实上是根本走不通的邪路。

社会主义是作为对资本主义的超越而存在的，其得以成立和得以存在的价值和理由，就是要在解放和发展生产力的基础上，消灭剥削，消除两极分化，最终实现共同富裕。中国共产党领导的社会主义现代化，始终把维护好、发展好人民的根本利益作为一切工作的出发点，让人民共享现代化成果。事实雄辩地证明，社会主义现代化建设不仅造福全体中国人民，而且对促进地区繁荣、增进各国人民福祉将发挥积极的推动作用。历史和实践充分证明，中国特色社会主义不仅引领世界社会主义走出了苏东剧变导致的低谷，而且重塑了社会主义与资本主义的关系，创新和发展了科学社会主义理论，用实践证明了马克思主义并没有过时，依然显示出科学思想的伟力，对世界社会主义发展具有深远历史意义。

从现代化道路的生成规律来看，虽然不同的民族和国家在谋求现代化的进程中存在着共性的一面，但由于各个民族和国家存在着诸多差异，从而在道路选择上也必定存在诸多差异。习近平总书记指出："世界上没有放之四海而皆准的具体发展模式，也没有一成不变的发展道路。历史条件的多样性，决定了各国选择发展道路的多样性。"中国道路的成功向世界表明，人类的现代化道路是多元的而不是一元的，它拓展了人类现代化的道路，极大地激发了广大发展中国家"走自己道路"的信心。

三、中国式现代化遵循发展的规律性，蕴含着发展的实践辩证法，是全面发展的现代化。

中国道路所遵循的发展理念，在总结发展的历史经验、批判吸收传统发展理论的基础上，对"什么是发展"问题进行了本质追问，从真理维度深刻揭示了发展的规律性。发展本质上是指前进的变化，即事物从一种旧质态转变为新质态，从低级到高级、从无序到有序、从简单到复杂的上升运动。在发展理论中，"发展"本质上是指一个国家或地区由相对落后的不发达状态向相对先进的发达状态的过渡和转变，或者由发达状态向更加发达状态的过渡和转变，其内容包括经济、政治、社会、科技、文化、教育以及人自身等多方面的发展，是一个动态的、全面的社会转型和进步过程。发展不是一个简单的增长过程，而是一个在遵循自然规律、经济规律和社会规律基础上，通过结构优化实现的质的飞跃。

发展问题表现形式多种多样，例如人与自然关系的紧张、贫富差距过大、经济社会发展失衡、社会政治动荡等，但就其实质而言都是人类不断增长的需要与现实资源的稀缺性之间的矛盾的外化。我们解决发展问题，不可能通过片面地压抑和控制人类的需要这样的方式来实现，而只能通过不断创造和提供新的资源以满足不断增长的人类需要的路径来实现，这种解决发展问题的根本途径就是创新。改革开放40多年来，我们正是因为遵循经济发展规律，实施创新驱动发展战略，积极转变发展方式、优化经济结构、转换增长动力，积极扩大内需，实施区域协调发展战略，实施乡村振兴战略，坚决打好防范化解重大风险、精准脱贫、污染防治的攻坚战，才不断推动中国经济更高质量、更有效率、更加公平、更可持续地发展。

发展本质上是一个遵循社会规律、不断优化结构、实现协调发展的过程。协调既是发展手段又是发展目标，同时还是评价发展的标准和尺度，是发展两点论和重点论的统一，是发展平衡和不平衡的统一，是发展短板和潜力的统一。坚持协调发展，学会"弹钢琴"，增强发展的整体性、协调性，这是我国经济社会发展必须要遵循的基本原则和基本规律。改革开放40多年来，正是因为我们遵循社会发展规律，推动经济、政治、文化、社会、生态协调发展，促进区域、城乡、各个群体共同进步，才能着力解决人民群众所需所急所盼，让人民共享经济、政治、文化、社会、生态等各方面发展成果，有更多、更直接、更实在的获得感、幸福感、安全感，不断促进人的全面发展、全体人民共同富裕。

人类社会发展活动必须尊重自然、顺应自然、保护自然，遵循自然发展规律，否则就会遭到大自然的报复。生态环境没有替代品，用之不觉，失之难存。环境就是民生，青山就是美丽，蓝天也是幸福，绿水青山就是金山银山；保护环境就是保护生产力，改善环境就是发展生产力。正是遵循自然规律，我们始终坚持保护环境和节约资源，坚持推进生态文明建设，生态文明制度体系加快形成，主体功能区制度逐步健全，节能减排取得重大进展，重大生态保护和修复工程进展顺利，生态环境治理明显加强，积极参与和引导应对气候变化国际合作，中国人民生于斯、长于斯的家园更加美丽宜人。

正是基于对发展规律的遵循，中国人民沿着中国道路不断推动科学发展，创造了辉煌的中国奇迹。正如习近平总书记在庆祝改革开放40周年大会上的讲话中所指出的："40年春风化雨、春华秋实，改革开放极大改变了中国的面貌、中华民族的面貌、中国人民的面貌、中国共产党的面貌。中华民族迎来了从站起来、富起来到强起来的伟大飞跃！中国特色社会主义迎来了从创立、发展到完善的伟大飞跃！中国人民迎来了从温饱不足到小康富裕的伟大飞跃！中华民族正以崭新姿态屹立于世界的东方！"

有人曾经认为，西方文明是世界上最好的文明，西方的现代化道路是唯一可行的发展"范式"，西方的民主制度是唯一科学的政治模式。但是，经济持续快速发展、人民生活水平不断提高、综合国力大幅提升的"中国道路"，充分揭开了这些违背唯物辩证法"独断论"的迷雾。正如习近平总书记在庆祝改革开放40周年大会上的讲话中所指出的："在中国这样一个有着5000多年文明史、13亿多人口的大国推进改革发展，没有可以奉为金科玉律的教科书，也没有可以对中国人民颐指气使的教师爷。鲁迅先生说过：'什么是路？就是从没路的地方践踏出来的，从只有荆棘的地方开辟出来的。'"我们正是因为始终坚持解放思想、实事求是、与时俱进、求真务实，坚持马克思主义指导地位不动摇，坚持科学社会主义基本原则不动摇，勇敢推进理论创新、实践创新、制度创新、文化创新以及各方面创新，才不断赋予中国特色社会主义以鲜明的实践特色、理论特色、民族特色、时代特色，形成了中国特色社会主义道路、理论、制度、文化，以不可辩驳的事实彰显了科学社会主义的鲜活生命力，社会主义的伟大旗帜始终在中国大地上高高飘扬！

四、中国式现代化是根植于中国文化传统的现代化，从根本上反对国强必霸的逻辑，向人类展示了中国智慧的世界历史意义。

《周易》有言："形而上者谓之道，形而下者谓之器。"每一个国家和民族的历史文化传统不同，面临的形势和任务不同，人民的需要和要求不同，他们谋求发展造福人民的具体路径当然可以不同，也必然不同。中国式现代化道路的开辟充分汲取了中国传统文化的智慧，给世界提供了中国气派和中国风格的思维方式，彰显了中国之"道"。

中国传统文化主张求同存异的和谐发展理念，认为万物相辅相成、相生相克、和实生物。《周易》有言："生生之谓易。"正是在阴阳对立和转化的过程中，世界上的万事万物才能够生生不息。《国语·郑语》中史伯说："夫和实生物，同则不继。以他平他谓之和，故能丰长而物归之；若以同裨同，尽乃弃矣。"《黄帝内经素问集注》指出："故发长也，按阴阳之道。孤阳不生，独阴不长。阴中有阳，阳中有阴。"二程（程颢、程颐）认为，对立之间存在着此消彼长的关系，对立双方是相互影响的。"万物莫不有对，一阴一阳，一善一恶，阳长而阴消，善增而恶减。"他们认为"消长相因，天之理也。""理必有对待，生生之本也。"正是在相互对立的两个方面相生相克、此消彼长的交互作用中，万事万物得以生成和毁灭，不断地生长和变化。这些思维理念在中国道路中也得到了充分的体现。中国道路主张合作共赢，共同发展才是真的发展，中国在发展过程中始终坚持互惠互利的原则，欢迎其他国家搭乘中国发展的"便车"。中国道路主张文明交流，一花独放不是春，世界正是因多彩而美丽，中国在国际舞台上坚持文明平等交流互鉴，反对"文明冲突"，提倡和而不同、兼收并蓄的理念，致力于世界不同文明之间的沟通对话。

中国传统文化主张世界大同的和谐理念，主张建设各美其美的和谐世界。为世界谋大同，深深植根于中华民族优秀传统文化之中，凝聚了几千年来中华民族追求大同社会的理想。不同的历史时期，人们都从不同的意义上对大同社会的理想图景进行过描绘。从《礼记》提出"天下为公，选贤与能，讲信修睦。故人不独亲其亲，不独子其子。使老有所终，壮有所用，幼有所长，鳏寡孤独废疾者皆有所养"的社会大同之梦，到陶渊明在《桃花源记》中描述的"黄发垂髫，并怡然自乐"的平静自得的生活场景，再到康有为《大同书》中提出的"大同"理想，以及孙中山发出的"天下为公"的呐喊，一代又一代的中国人，不管社会如何进步，文化如何发展，骨子里永恒不变的就是对大同世界的追求。习近平总书记强调："世界大同，和合共生，这些都是中国几千年文明一直秉持的理念。"这一论述充分体现了中华传统文化中的"天下情怀"。"天下情怀"一方面体现为"以和为贵"，中国自古就崇尚和平、反对战争，主张各国家、各民族和睦共处，在尊重文明多样性的基础上推动文明交流互鉴。另一方面则体现为合作共赢，中国从不主张非此即彼的零和博弈，始终倡导兼容并蓄的理念，我们希望世界各国能够携起手来共同应对全球挑战，希望通过汇聚大家的力量为解决全球性问题作出更多积极的贡献。

中国有世界观，世界也有中国观。一个拥有5000多年璀璨文明的东方古国，沿着社会主义道路一路前行，这注定是改变历史、创造未来的非凡历程。以历史的长时段看，中国的发展是一项属于全人类的进步事业，也终将为更多人所理解与支持。世界好，中国才能好。中国好，世界才更好。中国共产党是为中国人民谋幸福的党，也是为人类进步事业而奋斗的党，我们所做的一切就是为中国人民谋幸福、为中华民族谋复兴、为人类谋和平与发展。中国共产党的初心和使命，不仅是为中国人民谋幸福，为中华民族谋复兴，而且还包含为世界人民谋大同。为世界人民谋大同是为中国人民谋幸福和为中华民族谋复兴的逻辑必然，既体现了中国共产党关注世界发展和人类事业进步的天下情怀，也体现了中国共产党致力于实现"全人类解放"的崇高的共产主义远大理想，以及立志于推动构建"人类命运共同体"的使命担当和博大胸襟。

中华民族拥有在5000多年历史演进中形成的灿烂文明，中国共产党拥有百年奋斗实践和70多年执政兴国经验，我们积极学习借鉴人类文明的一切有益成果，欢迎一切有益的建议和善意的批评，但我们绝不接受"教师爷"般颐指气使的说教！揭示中国道路的成功密码，就是问"道"中国道路，也就是挖掘中国道路之中蕴含的中国智慧。吸收借鉴其他现代化强国的兴衰成败的经验教训，也就是问"道"强国之路的一般规律和基本原则。这个"道"不是一个具体的手段、具体的方法和具体的方略，而是可以为每个国家和民族选择"行道"之"器"提供必须要坚守的价值和基本原则。这个"道"是具有共通性的普遍智慧，可以启发其他国家和民族据此选择适合自己的发展道路，因而它具有世界意义。

路漫漫其修远兮，吾将上下而求索。"为天地立心，为生民立命，为往圣继绝学，为万世开太平"，是一切有理想、有抱负的哲学社会科学工作者都应该担负起的历史赋予的光荣使命。问道强国之路，为实现社会主义现代化强国提供智慧指引，是党的理论工作者义不容辞的社会责任。红旗文稿杂志社社长顾保国、中国青年出版社总编辑陈章乐在中央党校学习期间，深深沉思于问道强国之路这一"国之大者"，我也对此问题甚为关注，我们三人共同商定联合邀请国内相关领域权威专家一起"问道"。在中国青年出版社皮钧社长等的鼎力支持和领导组织下，经过各位专家学者和编辑一年的艰辛努力，几易其稿。这套丛书凝聚着每一位同仁不懈奋斗的辛勤汗水、殚精竭虑的深思智慧和饱含深情的热切厚望，终于像腹中婴儿一样怀着对未来的希望呱呱坠地。我们希望在强国路上，能够为中华民族的伟大复兴奉献绵薄之力。我们坚信，中国共产党和中国人民将在自己选择的道路上昂首阔步走下去，始终会把中国发展进步的命运牢牢掌握在自己手中！

是为序！

董振华

2022年3月于中央党校

第7章　风起云涌观后海
——对话商业航天

第8章　大变局中定方位
——对标分析谋发展

第9章　不积跬步，无以至千里
——中国航天积累的实践经验

第10章　航天梦圆强国梦
——我们的征途是星辰大海

前 言

在习近平新时代中国特色社会主义思想的指引下，"建设航天强国"写入党的十九大报告，中国航天事业站到新的历史起点，开启了新篇章。

以习近平同志为核心的党中央将"航天梦"作为"中国梦"的重要组成部分，把建设航天强国作为创新型国家的重要目标，把加快航天强国建设作为加强自主创新能力、加快科技自立自强的重要内容。航天作为当今世界最具挑战性和广泛带动性的高技术领域之一，是国家战略性、基础性、先导性的高技术产业，是国家战略、综合实力和大国地位的重要体现，是国家发展目标的有力支撑。

在我国由航天大国向航天强国不断迈进的过程中，有必要探寻航天事业在中华民族从站起来、富起来到强起来的伟大飞跃进程中作出的积极贡献以及未来的发展之路，并以此来坚定广大干部群众的民族自豪感、荣誉感和对国家迈向强国之路的自信心，激发广大青年投身航天事业与国防科技工业的热情与使命感，努力实现航天梦、中国梦。

全书尝试回答航天强国的内涵、为什么建设航天强国、怎样建设航天强国等三方面问题，从理论维度、历史维度、实践维度等三方面展开论述。在理论维度方面，主要涉及第一章内容，科学阐明什么是航天，什么是航天强国。在历史维度方面，主要涉及第二章到第七章，介绍中国航天66年来，在导弹装备、运载火箭、人造地球卫星、载人航天、深空探测、商业航天等领域取得的辉煌成就，重点阐述中国航天在中国站起来、富起来、强起来等历史阶段发挥的作用。在实践维度方面，主要涉及第八章到第十章，介绍中国航天辉煌成就背后的原因和机理，同时结合中国航天的历史方位、当前航天强国的发展现状，展望中国航天未来的发展方向。

习近平总书记在庆祝中国共产党成立100周年大会上的重要讲话中指出，要以更强大的能力、更可靠的手段捍卫国家主权、安全、发展利益。中国航天作为国家安全的战略基石和推动国防和军队现代化建设的主导力量，要积极履行党和国家赋予的使命责任，大力弘扬航天精神，把党的政治优势、思想优势、组织优势转化为新的竞争优势、创新优势和发展优势，奋力建设航天强国。

第 1 章

同心共筑航天梦

——逐梦航天强国

探索浩瀚宇宙，发展航天事业，建设航天强国，是我们不懈追求的航天梦。

　　——习近平总书记在首个"中国航天日"之际作出重要指示（2016年4月24日）

21世纪以来，人类步入探索与开发利用外层空间的新纪元，航天产业保持持续稳定增长，航天技术成为全球发展最迅猛的战略高技术之一，促进了生产力的发展和人类文明的进步，外太空也日益成为各国竞相抢占的战略制高点和竞争焦点。

中国航天事业创建66年来，在党中央的亲切关怀和坚强领导下，中国航天实现了从无到有、从小到大、从弱到强的跨越发展，有力支撑了国防能力提升和国民经济建设，为服务国家发展大局和增进人类福祉做出了重要贡献。中国航天以其深厚的发展实践基础，为奋进全面建设社会主义现代化国家新征程提供了宝贵经验和有益借鉴。

一、中国人的千年飞天梦想

人类最古老的梦想就是飞翔，百折不挠的追求使人类逐步实现了这个梦想。中国作为一个文明古国，自古就留下了数不清的关于飞天的神话和传说，比如嫦娥奔月、孙悟空一个跟头十万八千里、敦煌飞天壁画、唐明皇游月宫等，不胜枚举。这些对飞天的向往引导着人类不懈地努力实现梦想。

（一）古代篇：飞天之路多浪漫

为了飞向神秘的天空，人们首先尝试着向高空发出挑战。相传公元前8世纪，中国木匠的祖师鲁班就曾造过一个木制的鸟形飞行器，能飞三日不落地。当然这只是当时人创造的神话传说，如果真的实现了，这简直可以媲美今天的无人飞机了。在公元前202年，中国楚汉相争时期就使用过风筝；之后张衡造出木鸟并试飞成功；《抱朴子·杂应》一书有制造飞车的记述，是直升机旋翼的最早雏型。

后来，随着火药的发明，中国人的飞天又有了进展。14世纪末我国明代的官员万户，被公认为世界借助火箭飞行第一人。万户经过研究确认，火箭可以推动物体上升，因此他制作了一把椅子，并在椅子背后捆绑了47支当时最大的火箭，他双手各持一个风筝以控制方向，类似于现代火箭控制飞行方向的舵面。遗憾的是由于火药迅速燃烧爆炸，万户不幸遇难。作为世界第一位试图借助火箭实现飞行的人，万户受到全世界飞行探索者的崇敬，为了纪念他，国际天文学联合会把月球表面东方海附近的一个撞击坑命名为"万户撞击坑"。

"遂古之初，谁传道之？上下未形，何由考之……"从屈原向天叩问宇宙起源，到今日中国航天人探索火星，人们用了两千多年。

2020年，"天问"开启了中国人的探测火星之旅，表达了中华民族追求真理的坚韧与执着，体现了人类对自然和宇宙空间探索的文化传承，寓意探求科学真理征途漫漫，追求科技创新永无止境。

<拓展阅读>

我国部分航天器的名字

载人飞船叫"神舟"

探月工程叫"嫦娥工程"

月球探测器叫"嫦娥"

"嫦娥三号"探测器和"玉兔"号月球车勘探区叫"广

寒宫"

　　空间站叫"天宫"

　　月球中继通信卫星叫"鹊桥"

　　气象卫星叫"风云"

　　火星探测器叫"天问"

　　量子科学实验卫星叫"墨子"

　　卫星导航系统叫"北斗"

　　全球低轨卫星系统叫"鸿雁"

　　暗物质粒子探测卫星叫"悟空"

　　……

　　除此之外，中国航天深受古典文化的熏陶，那些浪漫名字背后都有着深意。比如"神舟"意为"神奇的天河之舟"，象征着飞船是四面八方、各行各业大协作的产物，承载着中华民族的飞天梦；"北斗"本义是北方夜空中接近北极点的一个星组，在中国传统文化中寓意光明和方向；"天宫"又名"紫微宫"，是中国神话传说中天帝居住的宫殿，寓意人类对未知天空的探索。

　　星移斗转，岁月变迁。飞天梦承载着中华民族的自强不息、拼搏不止的精神。新时代的中国科技工作者创造的惊人奇迹昭示中华民族飞天揽月终圆梦，启迪我们：唯有拼搏，方得圆梦。

　　（二）现代篇：飞天之路多壮丽

　　对于人类来说，航天时代始于1957年10月4日，苏联成功地利用火箭发射了第一颗人造地球卫星"斯普特尼克1号"，并将其送入预定轨道。该卫星的发射标志着人类进入太空的开始，尤其在"冷战"时期对美国具有深远的影响。次年1月，美国发射首颗卫星。

人造地球卫星出现之后，20世纪60年代苏联和美国发射了大量的科学卫星、技术试验卫星和各类应用卫星。苏联在发射了5艘不载人的卫星式飞船后，于1961年4月12日用"东方"号运载火箭成功地发射了世界上第一艘载人飞船"东方1号"，加加林成为世界上第一个进入太空的人，从而开辟了人类载人航天的道路。

1969年7月20日，由美国航天员阿姆斯特朗和奥尔德林驾乘的"阿波罗11号"飞船的登月舱降落在月球赤道附近的静海区。这次登月的壮举，也是世界航天史上具有重大历史意义的成就。

1958年5月，在党的八大二次会议上，毛泽东主席曾提出：苏联人造卫星上天，我们也要搞人造卫星。这代表了中国人民向世界立下誓言，是党中央发出的向空间进军的动员令。中国是火箭的故乡，中华民族是龙的传人。"敢上九天揽月"的豪言展现了中国人征服太空的情怀与气概。

1.白手起家：中国航天的艰辛起步

1949年，新中国"一穷二白"，百废待兴。1956年3月，在周恩来总理的领导下，国务院成立了科学规划委员会，各部门领导人和600多位科学家参加。《1956—1967年科学技术发展远景规划纲要》提出了以原子能、喷气技术、无线电、自动化等现代科技为主的12个重点领域、57项重大任务、6项紧急措施，后来经毛泽东主席批准实施。1956年3月14日，周恩来总理主持中央军委会，采纳钱学森的提议，决定成立国防航空工业委员会，聂荣臻任主任；决定设立国防部五局（导弹研制的管理机关）和国防部五院（导弹、火箭研究院）。

　　1956年10月8日，聂荣臻元帅在大会上宣布：正式成立国防部第五研究院[1]，研制火箭、导弹，钱学森任院长。一年后国防部五院成立两个分院，一分院即今天的中国航天科技集团的中国运载火箭技术研究院，位于南苑；二分院即今天的中国航天科工防御技术研究院，位于永定路。

* 中国共产党国防部第五研究院首届代表大会。图片来源：国家航天局

1.中国航天的机构设置先后经历了国防部第五研究院、第七机械工业部、航天工业部、航空航天工业部、中国航天工业总公司的历史沿革。1999年7月，中国航天工业总公司分拆为航天科技集团和航天科工集团（刚拆分时称中国航天机电集团公司，2001年改现名）。

1956年8月17日，李富春副总理率团去莫斯科签署《关于苏联为中国建立原子能工业提供技术援助协定》。1957年9月，聂荣臻元帅率团访苏，签署新技术援助协定。1957年8月，中央军委决定筹建导弹试验靶场，由炮兵司令陈锡联上将主持勘察选点，并调志愿军19兵团回国，与工程兵部队等组建"特种工程指挥部"（代号"7169部队"），由陈士榘上将任司令员兼政治委员，与志愿军20兵团一起建设试验靶场，从1958年起至1960年底，建成了酒泉（东风）和马兰两个基地；20兵团副司令员孙继先中将任东风基地司令员。由解放军第三兵团组建原子能试验基地，兵团参谋长张蕴钰任马兰基地司令员。

<拓展阅读>

据当年装备运输保障人员李军回忆：我的第一件工作是分配到位于长辛店的炮兵教导大队四大队去学习苏联援助的"P-2"导弹。当时国防部五院已开始仿制苏联近程导弹"P-2"，我国仿制的导弹代号"1059"，作战研究处的任务是提出型号战术技术任务书，以指导设计部门的工作。

1958年，五院决定仿制苏制"P-2"导弹（德国"V-2"改进型，代号"1059"，后定名"东风一号"）。1960年7月16日，苏联照会中国政府，毁约断援，8月撤回全部专家，带走所有资料。那是新中国成立以来最惊心动魄、艰苦卓绝的年代，"两弹"计划处于危难之中。三年灾荒，全国人民吃不饱，西方封锁禁运，赫鲁晓夫变脸，落井下石。中国彻底改变了

"一边倒"的政策，经济建设和"两弹"研发进入完全自力更生的新时期，这是中国近代史上一次艰难的转折。中央批准了聂荣臻1961年提出的《导弹、原子弹应坚持攻关的报告》，毛泽东主席批示："在科学研究中，尖端武器的研制工作仍应抓紧进行，不能放松或下马。"周恩来总理呼唤："我们有共同信念，一定要靠中国自己的力量，造出'两弹'。"钱学森向聂荣臻表示：我们五院的同志一定会在苏联撤走专家的压力面前挺直腰杆，自力更生，建立起自己的导弹事业；请聂荣臻转告中央放心，苏联压不倒我们。二机部宋任穷部长说："天要下雨，娘要嫁人，我们只能完全、彻底自己干！"

<拓展阅读>

1958年，苏联建议在中国设长波电台，建立中苏联合潜艇舰队。毛泽东说：中国是独立的国家，不是苏联的附属，也不是苏维埃的十几个加盟共和国之一。赫鲁晓夫7月31日访华，经过双方会谈，苏方收回建立"长波电台"和"联合舰队"的要求。1959年，中苏两党在禁止试验核武器协议、中印边界冲突、台湾问题上也进一步发生分歧。1960年7月16日，苏联政府突然单方面决定全部召回在中国的1390名苏联专家，同时废除了两国政府签订的12项协定及343个专家合同、补充书和57个科技合作项目。

1960年11月5日、12月6日、12月16日，苏联专家撤走一个月后，完全由中国生产的"1059"导弹（"东风一号"）三次发射成功。1962年11月，根据中央决定，成立中央15

人专门委员会，主管原子弹方面的工作，周恩来总理任主任。1965年初，改称中央专委，增加领导导弹方面的职能。1970年后，增加领导人造地球卫星的职能。1963年春，五院组织3000人大会讨论，制定《地地导弹发展途径》，提出"八年四弹"的研制计划："东风二号"（中近程）、"东风三号"（中程）、"东风四号"（中远程）、"东风五号"（洲际）。中科院成立星际航行委员会，成员开始制订星际航行长远规划。赵九章、钱学森分别建议中央把人造卫星列入计划。

1964年6月29日，中国改进设计的"东风二号"导弹靶场试飞成功。1964年10月16日新华社公报：中国在西部地区爆炸了一颗原子弹，这是中国人民自力更生、艰苦奋斗的伟大胜利。1966年10月27日，聂荣臻元帅主持了两弹结合实验，用"东风二号甲"运载原子弹头靶爆成功。

1967年6月，中央军委决定组建空间技术研究院（新五院），研制卫星、飞船，钱学森兼院长。1967年5月26日"东风三号"试飞成功。在"东风三号"的基础上研制出"东风四号"，加第三级成为"长征一号"运载火箭，用以发射卫星。

〈拓展阅读〉

在第一颗原子弹爆炸前夕，为确保核试验场与北京之间的联络保密，规定出了一些暗语和密码来。

首次核试验的原子弹接近球形，将原子弹取名为"邱小姐"（注："邱"同"球"音）；装原子弹的平台叫"梳妆台"；连接火工品的电缆像头发一样长，叫"梳辫子"；原子弹装配为"穿衣"，原子弹装配车间，密码为"住下房"；

吊到塔架上的工作平台为"住上房";气象密码为"血压";起爆时间为"零时"。

1964年10月15日18时30分,原子弹开始装配,并向北京发了第一个暗语,"邱小姐住下房"。16日8点,又发了第二个暗语,"邱小姐在梳妆台,八点钟梳辫子"。火工品插好后,原子弹徐徐吊上塔架。之后发了第三个暗语,"邱小姐住上房"。

1967年6月17日,中国自行设计的氢弹爆炸成功。从原子弹到氢弹,中国只用了2年8个月,而美国为7年3个月,苏联6年3个月,英国5年6个月,法国8年6个月。

1967年,自行设计的防空导弹"红旗二号"定型列装。同年9月8日击落美国的高空侦察机。

1970年1月,"东风四号"导弹试飞成功。

1970年4月24日,在经过试样和正样后,我国第一颗人造地球卫星"东方红一号"终于横空出世。《东方红》乐曲响遍全球,震惊了世界。

"东方红一号"卫星的发射成功使中国成为世界上继苏联、美国、法国和日本之后第五个完全依靠自己的力量成功发射人造卫星的国家。虽然比苏联发射的第一颗人造卫星整整晚了13年,但是它的质量超过了前四个国家第一颗卫星质量的总和。中国从此正式进入了太空时代。

2.苦难辉煌:中国航天的逐梦征程

航天事业刚起步时,有人讥笑:"中国人穷得连裤子都穿不上,还搞导弹和卫星!"然而中国航天人"人穷志不短",从

"两弹一星"到"载人航天"再到"探月工程"，硬是靠着自己的双手取得了一个又一个航天辉煌成就。

回眸"两弹一星"的经历和原子能、航天事业的迅速进步，不难看到：党中央的英明决策、科技界的自主创新、各条战线的协同合作和系统工程科学管理是大科学事业和战略产业的制胜法宝。自主创新一直是决定中国航天事业生死存亡的生命线。在西方制裁封锁、苏联毁约断援的形势下，中国人彻底依靠自己掌握的科学知识和智慧，不屈不挠、艰苦奋斗，突破科学原理和关键技术的困难，朝着胜利不断迈进。数代科学家、工程师和职工们，世代相接，天年相续，继承前志，不断把中国航天事业推向高峰。

2003年10月15日，中国首位航天员杨利伟乘"神舟五号"飞船实现了首次太空飞行，中国成为世界第三个独立自主将航天员送入太空的国家。

2007年10月24日，我国在西昌卫星发射中心用"长征三号甲"运载火箭将"嫦娥一号"卫星成功送入太空。"嫦娥一号"是我国自主研制的第一颗月球探测卫星，它的发射成功标志着我国实施绕月探测工程迈出重要一步。

2013年12月2日发射的"嫦娥三号"月球探测器于同年12月14日在月面软着陆，使我国成为世界第三个掌握落月探测技术的国家。

2018年12月8日发射的"嫦娥四号"月球探测器于2019年1月3日实现了人类探测器首次在月球背面着陆。

2020年7月23日，我国首个火星探测器"天问一号"成功发射。2021年5月15日，"天问一号"成功着陆火星；5月

22日，"祝融号"火星车驶抵火星表面并开展科学巡测，使我国成为世界第一个通过一次发射完成绕、落、巡三项任务的国家，世界第二个在火星进行巡视探测的国家。

2020年7月31日，"北斗三号"全球卫星导航系统正式开通。

2020年12月17日，"嫦娥五号"圆满完成首次月球采样返回任务，开启了中国探月工程的新时代。

2021年4月29日，中国成功发射"天宫"空间站的第一个舱段——"天和"核心舱，这宣告了中国开启空间站任务的新时代。同年6月17日，"神舟十二号"载人飞船升空，6.5小时后，它与"天和"核心舱完成对接，这是我国首次实施载人飞船自主快速交会对接。三名航天员先后进入"天和"核心舱，标志着中国人首次进入自己的空间站。

2021年10月16日，"神舟十三号"载人飞船顺利将3名航天员送入太空，发射取得圆满成功。2021年11月8日，"神舟十三号"航天员乘组密切协同，圆满完成出舱活动全部既定任务，航天员翟志刚、航天员王亚平安全返回"天和"核心舱，出舱活动取得圆满成功。此次空间站阶段航天员出舱活动，是"神舟十三号"航天员乘组首次出舱活动，也是中国航天史上首次有女航天员参加的出舱活动。

为了实现航天梦想，无数航天人始终以献身航天、科技报国为己任，把强烈的爱国情怀体现在岗位上，落实在行动中。在他们当中，有新中国成立后，放弃国外优厚条件，冲破重重阻挠回到祖国，投身新中国建设的我国航天事业奠基人钱学森；有中国导弹与航天技术的重要开拓者、为中国长征系列运载火箭研制成功作出了巨大贡献的任新民；有中国导弹与航天技术的开拓者之一、埋头研制洲际导弹的屠守锷；有中国导弹事业的开拓者之一、为中国第一枚潜地导弹"巨浪一号"发射成功作出巨大贡献的黄纬禄；有以顽强的毅力，顶住各种压力，克服种种挫折，研制出"中国飞鱼"导弹的梁守槃；有先后主持人造卫星、北斗导航、月球探测等航天重大工程建设，在耄耋之年依然坚守航天第一线的孙家栋……

＊"中国航天之父"钱学森与"航天四老"雕像。图片来源：中国航天科工二院

　　航天人这种自强自信、勇于创新的精神，使中国航天从无到有，从小到大，从弱到强，取得了一项又一项佳绩。

　　我国航天事业迄今已达到了相当的规模和水平：形成了完整配套的各型导弹、运载火箭、人造卫星等多种航天器研究、设计、生产和试验体系；建立了能发射各类卫星和载人飞船等航天器的发射中心和由国内外地面站、远程跟踪测量船组成的测控网；建立了多种卫星应用系统，取得了显著的社会效益和经济效益；建立了具有一定水平的空间科学研究系统，取得了多项创新成果；培养了一支素质好、技术水平高的航天科技队伍。我们越过一座座科学高峰，不断取得里程碑式的辉煌成就。

二、航天基本概念

航天是当今世界最具挑战性和广泛带动性的高技术领域之一。经过人类近百年来的努力，航天已经成为最活跃和最有影响的科学技术领域，代表着一个国家科学技术的发展水平，也是科学技术和意识形态结合的产物。

（一）航天的基本内涵

从广义上理解，航天活动包括空间技术（也称航天技术）、空间应用和空间科学三个部分。航天活动的目的是探索、开发和利用太空资源，从而更好地为人类服务[1]。航天又称空间飞行、太空飞行、宇宙航行，是指航天器在太空的航行活动。航天的基本条件是航天器必须达到足够的速度，第一、第二、第三宇宙速度是航天所需的特征速度。

在过去相当长的时间内，航天基本上是在太阳系尤其是在地球空间以内进行航行活动。随着科学技术的不断发展，人类探索宇宙的活动范围逐渐扩大，未来将有可能进行通往其他恒

1.《航空航天知识与技术》，周露著，国防工业出版社2015年版，第2—3页。

星系空间的航行活动[1]。

同时，航天是国家安全的重要支撑。正因为有了航天技术，中国拥有了守护国家安全的装备[2]，有力地维护了和平发展的环境，中国人民可以平稳有序进行现代化建设。

（二）航天与航空的区别

航空与航天是人们经常接触的两个技术名词，两者虽然仅一字之差，却被称为两大技术门类。从科学技术的角度看，航空与航天之间是紧密联系的。航空航天技术是高度综合的现代科学技术。两者的主要区别是：航空指飞行器在地球大气层内、主要利用空气动力的航行活动；航天指飞行器进行除航空以外的各类宇宙航行活动，一般航行在大气层外。

航空飞行始终没有脱离地球的引力，航天飞行就不同了，要在经过克服地球引力的飞行后，进入地球大气层以外，在没有地球引力的空间飞行。没有地球引力，一切都处于失重状态，分不出上下左右，更找不到南北东西，一切都是飘飘然的悬浮状态，所以航空飞行和航天飞行是完全不同的。

所有航空器都是在稠密大气层[3]中飞行的，其工作高度有

1.《宇航概论》，胡其正、杨芳著，北京理工大学出版社2020年版，第4页。
2.这里的装备主要指导弹武器，主要包括在大气层外飞行的弹道导弹和在大气层内飞行的巡航导弹，一般将其视为航天装备。
3.地球表面有相对稀薄的一层混合气体，由78%氮气，21%氧气，少量二氧化碳和水汽构成。受重力影响，这些气体均匀分布在地球表面，我们称之为大气层。国际航空联合会将卡门线（Kármán line）作为大气层和太空的界线，高度为100千米。卡门线外为太空，航天是"卡门线"以上的航行，该线以西奥多·冯·卡门（Theodore von Kármán，钱学森的老师）命名。

限。现代飞机最大飞行高度也就是距离地面30千米，即使以后飞机上升高度提高，它也离不开稠密大气层，而航天器冲出稠密大气层后，要在近于真空的宇宙空间以类似自然天体的运动规律飞行，其运行轨道的近地点高度至少也在100千米以上。对处于运行状态的航天器来说，还要研究太空飞行环境，但是航天器的发射和回收都要经过大气层，这就使航空航天之间产生了必然联系，尤其是水平降落的航天飞机和水平起降的空天飞机，兼有航空与航天的特点。

　　然而近年来，出现了一种新的飞行器，叫作临近空间[1]飞行器，比如高超声速飞行器、空天飞机（可以理解为航天飞机的升级版），从名字就能看出，它飞行的区域介于太空和大气之间，在航天与航空之间反复横跳。

　　＜拓展阅读＞

　　2021年7月16日，由中国航天科技集团研制的亚轨道重复使用演示验证项目运载器在酒泉卫星发射中心准时点火起飞，按照设定程序完成飞行后，平稳水平着陆于阿拉善右旗机场，首飞任务取得圆满成功。为我国重复使用天地往返航天运输技术发展奠定了坚实基础，为实现领域创新发展和自主可控迈出了坚实的第一步。

1.临近空间（Near space），是指距地面20—100千米的空域，是航空与航天的空间结合部，是人类还未大规模开发的空白区域，具有非常重要的战略意义和利用价值。这个区域高于商用飞机的飞行空域，但低于轨道卫星。目前，人类笼统地将临近空间活动也称为航天活动。

（三）航天与航宇的区别

我国著名科学家钱学森认为，宇宙航行应划分为两个阶段，第一阶段是在太阳系内活动，叫航天；第二阶段是到银河系乃至河外星系活动，叫航宇。他还指出，要实现航宇的理想，科学技术还需要若干次大的飞跃。

人们把在地球大气层以外空间飞行的各类飞行器称为"空间飞行器""星际航行"或"宇宙航行"。钱学森先生是"航天"一词的首创者，他在1963年出版的一本专著就叫作《星际航行概论》，书中全面介绍了星际航行技术和星际航行实践的复杂性和艰巨性，对当时即将投身航天专业的工程技术人员和研究人员起到了很好的指导作用。20世纪60年代后期，钱学森研究了星际航行的历史状况和未来发展，他认为现阶段人类还只能在太阳系内航行，在太阳系内的航行可以称为"航天"，并可与中国已有的"航海""航空"词汇相对应，将来飞出太阳系到其他恒星的航行，可以称为"航宇"。

三、发展航天事业的重大意义

航天活动深刻改变了人类对宇宙的认知，为人类社会进步提供了重要动力。作为国家科学技术和经济实力的综合体现，发展航天事业已经成为各国竞争的重要领域，是支撑国防军队建设、推动科学技术进步、服务经济社会发展的重要力量。

（一）航天事业发展始终与国家战略紧密相连

航天事业是一代又一代中国人的伟大事业，也是当今世界各国以综合国力为代表的世界竞争的主要内容。近年来，航天在国家发展中的战略地位更加凸显。2016年5月30日，习近平总书记在全国科技创新大会、两院院士大会、中国科协第九次全国代表大会上的讲话指出："空间技术深刻改变了人类对宇宙的认知，为人类社会进步提供了重要动力，同时浩瀚的空天还有许多未知的奥秘有待探索，必须推动空间科学、空间技术、空间应用全面发展。"

在党的十九大报告中，习近平总书记强调指出，建设航天强国是建设创新型国家的重要组成部分。航天技术在国家发展中的定位，就是服务于国家经济建设、国家安全和社会进步，带动国家科技发展，支撑国家重大政策和战略的制定和实施。国家将创新驱动上升为国家战略，加快科技强国建设等重大战略举措，并明确提及了与航天相关的建设内容，均强调了航天领域的重要性。

（二）航天事业发展推动国防科技工业的进步

新中国成立初期，面对西方全面围堵封锁、极其险恶的环境，毛泽东主席曾提出过，"要想不被人欺负也要搞自己的尖端武器"，"也要搞一点原子弹"，"也要搞人造地球卫星"。我国航天在经济基础薄弱、工业及科技非常落后的条件下，以导弹武器研制起步，艰苦创业，铸就了捍卫国家安全的利剑[1]。改革开放以后，随着我国战略重心向经济建设转移，在持续支撑国防军队建设的同时，我国航天紧密围绕经济社会发展重大战略需

1.《2018—2019航天科学技术学科发展报告》。

求，大力推动航天技术应用，极大改变了人们的经济生活、社会生活、文化生活。

航天系统是现代典型的复杂工程系统，具有规模庞大、系统复杂、技术密集、综合性强以及投资大、周期长、风险大、应用广泛和社会经济效益可观等特点，是国家级大型工程系统。完善的航天系统是一个国家科技水平和经济实力的重要标志，目前世界上只有为数不多的国家拥有这种实力，我国是其中之一。

（三）航天事业发展带动相关学科和产业发展

近年来，我国在航天核心关键技术、航天专业基础技术以及航天技术应用服务等领域实现重大突破。航天科学技术整体水平实现大幅跃升，部分技术领域实现重大突破。航天科学技术学科建设日趋完善，对航天前沿与颠覆性技术的研究日益成熟。未来，智能化、信息化、空天地多域一体化协同等前沿技术在航天工程中的应用将日益深入，其他学科领域在智能化、信息化等方面的前沿学术成果与航天的交叉融合也将成为重要方向。

同时，航天科学技术已成为牵动其他高新技术发展的动力之一。航天工业不仅是国民经济建设和发展中的朝阳产业，还能产生附加值很高的高新技术产品。航天产业，泛指运载器、航天器等的研发与制造。例如，"长征"系列运载火箭、"神舟"系列载人飞船，"北斗"系列导航卫星，"嫦娥"系列月球探测器便是中国航天产业的代表。太空产业，泛指外太空或外星球的研究与开发利用，如载人登月、国际空间站等。简单来说，航天产业是专指研发制造火箭，研究宇宙飞船或其他空间飞行器的工业系统；太空产业，则是指开发外太空或外星球资源，研究天行体与空间领域的产业。航天产业推动太空产业，把机器或人类送入太空，进而继续研究太空领域。如果没有发达的航天产业，便无法深入开发利用太空产业。

（四）航天事业发展促进人类文明前进与衍生

从陆地到海洋，从天空到太空，人类每一次探索都在拓展着自己的生长疆域，都代表着人类的文化、科学和技术出现一个台阶式的跃进，人类的视野也不断得到更大的开拓。航天技术，不仅使人类对自身、地球乃至整个宇宙有更加广泛和深入的认知，而且正在将人类文明推向一个高远浩瀚的新领域——太空。开发和利用航天科技成果，正在成为衡量一个国家综合国力和文明程度的重要标尺。科学家们预言，在未来几十年内，人类将在月球、火星以及其他小行星上居住；将建立太空工厂，在太空中开矿、旅游，建立和发展太空农业，空间资源是人类的共同财富，航天事业带来的收益也应该为全人类共享，共同开发、和平利用。

四、航天强国的内涵与衡量标准

进入 21 世纪后，无论是从推动科学技术发展水平进步、充分利用太空资源，还是从国防科技工业和国民经济社会发展等方面，航天对一个国家的全局利益和地位都比 20 世纪更为突出和重要。在太空领域的地位已经成为衡量一个国家是否为强国的重要标志之一，航天产业是决定一个国家在太空领域利益的战略性产业，其强大与否也成为强国的重要表征。

（一）航天强国的内涵

中国要建设航天强国，首先要定义清楚航天大国和航天强国的关系，对问题进行系统、准确地回答。航天大国是一个国家成为航天强国的基础，航天强国是一个航天大国发展的阶段性目标。

"航天大国"不意味着一定能成为"强国"，"大"和"强"既有联系性又有区别性。航天强国是个相对的概念，当一个国家的航天能力与水平显著高于世界上绝大多数航天国家时，即可称为"航天强国"。《中国工程科技2035发展战略——航天与海洋领域报告》认为，"航天强国是指同时拥有进入空间、利用空间、探索空间的强大实力，能够有效保障国家安全、推动经济社会发展、牵引科学技术进步、服务国计民生、引领世界航天发展，整体实力位于世界航天第一方阵的国家。"

成为航天强国的第一个标志就是要让原始创新成为创新的主体。在航天大国阶段，我国从事的内容大多是别人做过的事；而到了航天强国阶段，我国需要依靠自主创新完成别人未曾涉及的事。这样，中国航天对世界航天的引领作用才会凸显，才是真正为人类的生存发展作出中国贡献。

其次，要将航天技术转化为推动社会发展的强大动力。完成科技创新转化，从而更好地解决中国发展不平衡和不充分的问题，满足人民日益增长的物质文化和美好生活需求。

同时，要通过在航天领域的技术创新，发挥高科技的带动作用，牵引全社会的科学进步，立足于未来科技发展需要，在生命科学、大数据、5G通讯技术、信息安全、清洁能源、生物安全和粮食安全等方面有所建树，让中国科技造福人类。

另外，航天强国要发挥国有和民营的优势。科研院所是国家队，主要解决国家安全、国家重大工程和重大专项任务。民营企业是市场化的主力军，要担负起研究航天应用市场的重任，把国家重大工程项目的落地和应用问题解决好。

最后，航天强国应当体现在制度优势上，为国有企业、国有军工企业的发展探索一条新路。国有企业是党执政的经济基础，想要利用数字航天的优势使得这个体制变得兼具效率和效益、让生产力在这个体制中得到充分的释放，航天系统就必须创造出比其他体制更高的生产力水平。

2016年12月，《2016中国的航天》白皮书首次提出"全面建成航天强国"的十大发展愿景，可概括为"具备六个能力，拥有四个要素"，具体包括：具备自主可控的创新发展能力、聚焦前沿的科学探索研究能力、强大持续的经济社会发展服务能力、有效可靠的国家安全保障能力、科学高效的现代治理能力、互利共赢的国际交流与合作能力；拥有先进开放的航天科技工业体系、稳定可靠的空间基础设施、开拓创新的人才队伍、深厚博大的航天精神，为实现中华民族伟大复兴的中国梦提供强大支撑，为人类文明进步作出积极贡献。

航天强国的支柱是航天产业发展能力，具体表现为：形成多产权主体共存、全社会广泛参与的开放的航天产业市场，形成涵盖空间、地面与终端产品制造、运营服务的航天产业链，以及包括系统集成商、产品供应商、运营服务商的完整产业体系，产业规模大、效益好、集中度高，核心企业集团达到国际一流水平，整体产业实现从先导产业向支柱产业的转变。

航天强国的核心是需求保障能力、牵引支撑能力、国际竞争能力和创新发展能力，具体表现为：自主创新能力强、科技发展水平高、产业发展能力强、军民融合程度高、国际竞争能力强、经营管理水平高以及政府对航天发展的引导管理能力强以及上述几方面的协同能力强。

| 知识链接 |

2013年4月，全国政协十二届一次会议期间，政协科协界委员提议设立"中国航天日"，并向大会提交了提案。

2014年1月4日，国防科技工业局就该提案召开专题座谈会，会议决定正式启动"中国航天日"的设立程序并上报国务院。

2016年，国务院批复：同意自2016年起，将每年4月24日设立为"中国航天日"，以纪念1970年4月24日，中国第一颗人造地球卫星"东方红一号"发射成功，拉开了中国人探索宇宙奥秘、和平利用太空、造福人类的序幕。

（二）航天强国的衡量标准

根据《中国航天发展蓝皮书（2017年）》的研究，如表1-4-1所示，美国富创公司、日本宇宙航空研究开发机构、中国航天系统科学工程研究院及北京空间科技信息研究所等国内外研究机构分别给出了衡量航天强国的标准。

通过这些指标体系，我们可大体总结出航天强国指标评价的九大关键要素（见表1-4-2，引自《中国航天发展蓝皮书

（2017年）》的研究）：包括政府支持、产品系统、产业发展、技术创新、国际影响、人力资源、工业基础、航天文化和牵引带动等。在构建航天强国评价指标体系中，需要综合考虑这些关键要素。

表1-4-1　国内外航天强国指标体系及特点

指标体系	主要内容及特点
美国富创公司《航天竞争力指数》	根据世界航天产业发展情况对指标体系进行动态调整，涵盖指标较多、较全面，主要关注政府、工业和人力资本3个领域内容
日本宇宙航空研究开发机构《世界航天技术能力比较》	以支撑航天发展的技术能力为中心评价，分为累计卫星数量、航天运输、卫星平台技术、通信广播、对地观测、导航定位、宇宙科学、载人航天
航天强国评价指标研究	主要关注航天强国的6个主要能力，包括了战略引领、产品系统、技术创新、基础保障和国际主导性
航天强国标志特征及比较研究	从技术先进性、发展自主性、牵引带动性和国际主导性4个维度进行评价，主要关注技术领先、自主发展能力、牵引辐射作用和国际化发展
航天强国硬实力与软实力判断	主要关注硬实力和软实力2个角度，硬实力主要体现在航天产品的技术水平及投入水平，软实力包括文化、航天影响力等

表1-4-2　航天强国指标关键要素分析

关键因素	航天竞争力指数	世界航天技术能力比较	航天强国指标	航天强国标志特征及比较研究	航天强国硬实力与软实力
政府支持	√		√		√
产品系统		√	√	√	√
产业发展	√		√		
技术创新		√	√		
国际影响	√		√	√	√
人力资源	√				

续表

关键因素	航天竞争力指数	世界航天技术能力比较	航天强国指标	航天强国标志特征及比较研究	航天强国硬实力与软实力
工业基础	√		√	√	√
航天文化					√
牵引带动				√	

　　根据航天强国评价指标体系，选取中国、美国、俄罗斯、欧盟、日本和印度六个国家（地区），从航天发展水平、航天发展能力和航天发展环境三个方面，选取了空间技术、空间应用、空间科学、科技创新、人力资源等十个维度，对各国家（地区）的航天强国综合指数进行对标分析，并根据指标体系的评分进行排名。根据《中国航天发展蓝皮书（2017年）》的研究，"从航天强国综合指数测算来看，2015年，中国航天强国综合指数得分48.95分，排名第四位。整体而言，中国航天尽管取得重大成就，但与美、俄等世界航天强国相比仍存在一定差距，处于第二梯队的位置[1]。"

　　当今世界正经历百年未有之大变局。受新冠肺炎疫情严重影响，世界经济明显衰退，经济全球化遭遇逆流，地缘政治风险上升，国际环境日益复杂。全球科技创新正以前所未有的力量驱动经济社会的发展，促进产业的变革与新生。

　　"创新是引领发展的第一动力，科技是战胜困难的有力武器。"航天强国建设是我国建设世界科技强国的重要组成部分，

1.《中国航天发展蓝皮书》，《中国航天发展蓝皮书》编委会（编），中国宇航出版社2017版，第52页。

是我国航天领域未来较长时期的发展目标与战略任务。从航天大国到航天强国，绝不会是一片坦途。需要系统谋划，科学前瞻性地选择战略重点和技术路径，积极开展重大科技攻关，实现航天技术的弯道超车和全面跨越。

第 2 章

神剑凌空强国防

——走近导弹装备

我军武器装备建设实现跨越式发展、取得历史性成就，为提升国家战略能力特别是军事实力提供了坚实物质技术支撑。

希望同志们深入贯彻新时代党的强军思想，深入贯彻新时代军事战略方针，加紧推进"十四五"规划任务落实，加紧构建武器装备现代化管理体系，全面开创武器装备建设新局面，为实现建军一百年奋斗目标作出积极贡献。

——习近平总书记对全军装备工作会议作出重要指示（2021年10月）

第二次世界大战末期，德国的"V-2"导弹呼啸跃过英吉利海峡，空袭伦敦，给整个英国上下造成巨大恐慌的同时也引起了世界各国的关注，二战后世界各国相继开展导弹研制。

导弹威力大、射程远、精度高、突防能力强的显著特性，使其成为了具有超强进攻性和强大威慑力的武器。导弹的出现使得战争的突然性和破坏性增大，规模和范围扩大，进程加快，从而改变了过去常规战争的时空观念，给现代战争的战略战术带来巨大而深远的影响。航天事业是国家安全的重要支撑，导弹正是守护国家安全的航天装备。导弹技术水平已经成为衡量一个国家航天军事实力的重要标志之一，是国防科技水平的重要体现。

新中国成立后，第一代党和国家领导人亲自领导和指挥"两弹一星"工程，在科学理论的指导下正确决策，推动我国的导弹国防事业从无到有、从小到大迅速发展，取得了震惊世界的辉煌成就。

导弹是一种依靠自身动力装置推进，由制导系统导引、控制其飞行路线并导向目标的武器装备。依据导弹不同的特征，其分类的标准和方法不尽相同：按照作战使命，导弹可分为战略导弹和战术导弹；按照飞行弹道，导弹可分为弹道导弹和飞航导弹；按照导弹发射位置和目标位置，导弹又可分为面对面、面对空、空对面、空对空导弹四大类。具体来说，从地面发射攻击地面目标的称为地地导弹，从地面发射拦截空中目标的称为地空导弹，从空中发射拦截空中目标的称为空空导弹，从岸上发射攻击水面舰船的为岸舰导弹，从水下潜艇发射攻击地面目标的为潜地导弹等[1]。

1956年10月8日，以国防部第五研究院的建立为标志，我国正式开启了航天事业，由此拉开了导弹、火箭和人造卫星研制的序幕。春华秋实，自1960年"东风一号"为始，我国已打造出以"东风""红旗""霹雳""鹰击""巨浪"等一系列型号为代表的导弹大家族[2]，有力地捍卫了国家主权，提升了国际地位。

一、"东风"系列导弹

（一）弹道导弹展现颠覆力量

在20世纪世界军事科技发展史上，弹道导弹的出现可以说是最重要的颠覆性事件之一。冷战时期，随着核武器与弹道导弹结合的出现，美国、苏联等世界主要军事大国围绕弹道导弹的竞争日趋激烈。

核武器作为主要的战略武器，影响着世界区域军事力量的平衡和一个国家及地区的兴衰，而弹道导弹作为"三位一体"（陆基洲际导弹、战略轰炸机、潜射导弹）核打击中核武器最高效的运载工具，随着其制导技术、突防能力的不断发展，已经成为了维护核大国地位、遏制强敌核威慑、捍卫国家和平安全的有力支撑。

（二）"1059"工程打造"东风一号"

1956年，钱学森归国之后起草了《建立我国国防航空工业

1.《导弹武器系统概论》，王文超、张志鸿著，宇航出版社1996年版，第2—3页。
2.《神剑——导弹武器装备概览》，吕晓戈著，中国宇航出版社2019年版。

意见书》，为保密起见，特意使用"国防航空"代替了"导弹、火箭"[1]。按照"力争外援"的方针，1957年10月，以国务院副总理聂荣臻为团长的中国政府代表团赴苏联谈判，签订了《关于生产新式武器和军事技术装备以及在中国建立综合性原子能工业的协定》。

1958年5月29日，聂荣臻来到国防部五院，向首任院长钱学森正式下达了仿制苏联P-2导弹的任务，要求在1959年10月前完成，争取在建国10周年国庆节试射献礼，由此任务代号定为"1059"工程。

工业基础薄弱、苏联提供资料不完备、仿制生产需要解决的难题较多，加上1960年苏联单方面撕毁协议，突然宣布中断援助、撤走专家，这些都给导弹仿制工作造成了更大的困难。国防部五院迅速调整发展思路，实行三个转变：由自力更生为主、力争外援为辅转变到自力更生、发愤图强，由以仿制工作为主转变到自行设计上来，由猛烈发展、全面铺开转变到缩短战线、保证重点上来。广大航天工作者在党中央强有力的领导下，在全国大协作配套的支持下，下定决心：一定要搞出我们自己的"争气弹"，为中国人民争志气！

1960年11月5日上午9时许，由我国仿制的第一枚凝聚着中国人民自力更生精神和不屈不挠意志的"1059"导弹在酒泉卫星发射中心腾空而起，7分钟后弹头准确命中550千米以外的目标区。聂荣臻元帅在总结中说道："在祖国的地平线上，飞起

1.《钱学森的航天岁月》，石磊、王春河、张宏显等著，中国宇航出版社2011年版，第120页。

了我国自己制造的第一枚导弹，这是我国军事装备史上的一个重要转折点。"12月，又连续成功发射两枚"1059"导弹[1]。

＊"东风一号"地地导弹。图片来源：田其哲摄影

"1059"导弹后来被命名为"东风一号"，它表明我国已初步掌握了导弹制造技术，同时坚定了依靠自身力量发展导弹事业的信心和决心。

————————

1.《中国航天事业发展的哲学思想（第二版）》，刘纪原等著，北京大学出版社2016年版。

（三）"东风二号甲"实现两弹结合

1960年2月，中央军委召开第六次扩大会议，讨论并通过了《国防建设工作纲要》，提出了尽快突破"两弹——导弹和原子弹"技术的任务，并确立了"两弹为主，导弹第一，努力发展电子技术"的国防尖端技术发展方针，从而揭开了中国国防工业以自行研制为主的时代序幕。同年3月，国防部五院明确提出今后的研制工作重点由仿制转为自行设计，"东风二号"导弹的设计研制工作开始提上日程。

在党中央坚定的战略支持下，国防部五院通过"1059"工程实现了一定的技术和人才积累，在当时国家制造汽车都很困难的条件下，国防部五院鼓足干劲，在1962年2月20日就完成了第一发"东风二号"导弹的总装工作。1962年3月21日上午9时，"东风二号"导弹进行了首次飞行试验。然而，点火起飞后没几秒弹体就出现较大的摆动和滚动，之后发动机舱起火，火苗从尾舱窜出，随后发动机熄火。69秒后，导弹坠毁在距发射台不到1千米处，地面被炸出一个深4米、直径22米的大弹坑。试验队还没有从惊愕和悲痛中完全清醒过来时，聂荣臻就打来电话交代匆匆赶到爆炸现场的钱学森："要认真总结经验教训，但不要追究责任。因为是试验就有失败的可能[1]。"

从失败中得到的教训往往比成功的经验更宝贵。在采取了一系列整改措施后，1964年5月25日，"东风二号"导弹再次运抵酒泉卫星发射中心，6月29日中国首个自行设计的中近程导弹发射试验取得成功；7月，又进行了两次同型号的发射试

1.《聂荣臻年谱》，周均伦著，人民出版社1999年版，第590页。

验，均获成功。

在"东风二号"的基础上，对动力装置的可靠性、控制系统的稳定性、弹体的强度及增加安全自毁装置等设计上均进行了改进，1964年11月10日，国防部五院确定了"东风二号"的增程方案，命名为"东风二号甲"。按照周恩来总理"严肃认真，周到细致，稳妥可靠，万无一失"的指示要求，1966年10月27日，我国使用"东风二号甲"中近程导弹在自己的国土上进行了我国第一次，也是唯一一次导弹和原子弹结合的发射试验，震惊中外。

这次"两弹结合"试验的成功有力回击了西方所谓的中国"有弹无枪"的谰言，也标志着中国有了可以用于实战的导弹核武器，具备了战略威慑能力，打破了世界上其他超级大国的核垄断。

（四）"东风"系列导弹纵览

1. "东风–5"洲际弹道导弹

"东风–5"导弹于1971年9月进行了首次试验，直到1980年5月取得首次全程发射试验成功，1981年开始服役，一段时期内是我国用于战略威慑的主要武器。

"东风–5"洲际导弹的历史要追溯到1965年国防部五院提出的《地地导弹发展规划》，计划从1965年到1972年八年时间内按照先易后难的顺序研制出中近程弹道导弹、中程导弹、中远程弹道导弹以及远程洲际导弹。这一俗称"八年四弹"计划中的远程洲际导弹，就是1965年正式开始研制的"东风–5"，而计划中的中国第一型地对地中程弹道导弹便是1966年试射成功的"东风–3"，它也是中国完全自行设计的第一种战略导弹。按照预定计划发展出的陆基中远程弹道导弹"东风–4"，于1970年取得试射成功[1]。

"东风–5"导弹的研制初始并不顺利，由于国内薄弱的技术基础和"文革"对航天工业的严重破坏，1971年9月10日，第一枚遥测弹才进行首次试飞，随后该型导弹的研制过程更是充满坎坷。第二枚遥测弹在1972年和1973年两次推上发射台，却在第二次发射时因为质量问题导致43秒后失控自毁。

借助在研制、发射"长征二号"运载火箭中积累的经验，"东风–5"导弹的基本设计很快进行了10项重大改进，改进后的02批次"东风–5"导弹迅速开始进行试制生产，02批的"东风–5"导弹不仅解决了此前导弹不稳定的技术状态，还通过技术革新，使其从远程导弹升级为洲际导弹。1980年，按照这一射程制造的"东风–5"导弹进行了第一次全射程试射，标志着中国具备了洲际导弹发射能力。

2. "东风–21"中程地地战略导弹

"东风–21"是中国在潜地导弹"巨浪–1"基础上发展的第二代中程地地战略导弹，于1985年5月20日试射成功，1989年完成定型。

"东风–21D"导弹是中国自主研发的一种陆基中程固体弹道导弹，它的导引头可以智能识别地形，一边飞一边矫正路线，保证精准打击，专用十攻击水面移动大型舰艇，是我军海上非对称作战的"杀手锏"武器，被称为"航母杀手"。

3. "东风–17"弹道导弹

高超声速飞行器是当今航空航天领域的前沿技术，其高速

1.《中国航天事业的60年》，刘纪原等著，北京大学出版社2016年版。

度和高机动性可以突破任何导弹防御系统，对现有防御体系来说是前所未有的威胁。

"东风-17"弹道导弹于2019年10月1日国庆阅兵中首次出现于阅兵式战略打击方队，具备全天候、无依托、强突防的特点，可对中近程目标实施精确打击，是用来消灭敌重要反导防空系统的专门化工具。

二、"红旗"系列导弹

（一）痛歼高空来犯之敌

1949年新中国诞生后，国际形势发生了巨变，世界上形成了两大阵营的格局：一方是以苏联为首的社会主义阵营；另一方是以美国为首的西方资本主义阵营。在亚洲，中国自然就成了美国的主要针对对象，获取来自中国大陆的情报对西方阵营来说显得愈发重要。

20世纪50年代初期，蒋介石集团主要使用美制的B-24、B-25、B-26、C-46等型飞机，进行轰炸空袭、侵犯骚扰、空投特务、散发传单、接济潜伏在大陆的特工人员搞破坏活动等。1954年，美台签订共同防御条约后，美军开始为国民党空军提供拥有更为先进电子侦察设备的RB-57D[1]、RF-101和U-2高空侦察机等，由中情局派人对国军机组成员进行培训，全面开

1.RB-57D侦察机是美国马丁公司研制的亚音速、双发喷气式单翼高空侦察机，飞行高度可至18000～20000米，超过当时解放军空军装备最好的米格-19的最大升限13000米，100毫米高射炮更是对其无可奈何。

展对新中国的航空侦察作战。

<拓展阅读>

美国获取新中国情报的意图

1.1950年开始的朝鲜战争，美中两国第一次进行正面战场较量，战争的结果令美感到意外，需要通过情报重新评估中国的军事实力；

2.1958年，福建前线部队突然向金门开炮，美担心会因为台湾而卷入一场大战，急于了解金门炮击会不会是大陆进攻台湾的开始；

3.掌握当时中国西北地区核试验和核设施建设的进展情况，美肯尼迪政府甚至希望能够通过手术刀式的定点清除，造成核意外事故的假象，阻拦新生的中国政府拥有核力量。

1961年，美国又开始借助从台岛起飞的、由台湾飞行员驾驶的U-2高空侦察机实施针对西北地区的纵深侦察；同时，由美国人自己驾驶的U-2型高空侦察机，也开始从周边国家地区不断地入侵我国福建、广东等东南沿海地区。据统计，从新中国成立以来，美军和国民党当局共派出4万架次各型飞机窜扰侦察，航迹遍布我国大部分地区。由于防空力量的不足，美蒋的高空间谍飞机在中国大陆上空的飞行侦察，如入无人之境。也就是说，新中国高空的天窗对来犯之敌是开放的，这严重地威胁着新中国的国防安全，亟待进行防空力量的建设提升。

为了应对敌机侵扰的防空安全问题，防空导弹的引进及研制工作迫在眉睫。1957年10月，聂荣臻等率团赴苏访问，依据所签订的《苏联在火箭和航空新技术方面援助中国的协定》，引入了"萨姆-2"地对空导弹，并由空军开始组建地空导弹部队。

1959年，美国提供一批改进后的RB-57D侦察机给台湾空军，由台湾飞行员驾驶十余次飞入中国大陆进行空中侦察。1959年的10月7日，台湾空军飞行员驾驶RB-57D对北京地区进行侦察时，中国人民解放军空军地空导弹第二营在北京通县使用"萨姆-2"地空导弹将其击落，飞行员当即身亡，创造了人类历史上地空导弹首次在实战中击落敌机的战例。

RB-57D侦察机的折戟沉沙使得美国进而投入一款更新型的高空侦察机——U-2侦察机。U-2侦察机于1956年服役，是当时世界上最先进的高空侦察机，能够不分昼夜地于20000米高空以上执行全天候侦察任务。美国认定新中国的防空力量对这款"高科技"侦察机束手无策，肆无忌惮地使用U-2侦察机对中国大陆进行侵犯侦察。

1962年9月9日早6时许，1架U-2飞机从台湾桃园机场起飞。8时32分，当它进入中国人民解放军空军防空导弹部队第二营的火力范围，顷刻间3枚地空导弹腾空而起，将其击落。此次击落U-2飞机震惊中外。当天，周恩来总理闻讯后，高兴地说："很好，这是一个伟大的胜利！"在一次记者招待会上，面对外国记者的接连追问"中国是如何打下U-2飞机的"，外交部长陈毅元帅幽默地回答："我们是用竹竿把它捅下来的。"

表2-2-1　我国所击落的5架U-2飞机概况

击落时间	击落地点	战斗部队	战果
1962年9月9日	江西南昌向塘地区	地空导弹部队二营	击落U-2一架，击毙飞行员陈怀生
1963年11月1日	江西上饶地区	地空导弹部队二营	击落U-2一架，俘获飞行员叶常棣
1964年7月7日	福建漳州地区	地空导弹部队二营	击落U-2一架，击毙飞行员李南屏
1965年1月10日	内蒙古包头土默特右旗（萨拉齐）地区	地空导弹部队一营	击落U-2一架，俘获飞行员张立义
1967年9月8日	浙江嘉兴地区	地空导弹部队十四营	击落U-2一架，击毙飞行员黄荣北

* 中国人民革命军事博物馆展出的U-2侦察机残骸。图片来源：陈哲昊摄影

　　我国人民解放军防空部队使用"萨姆-2"及我国自行研制的"红旗-2"地空导弹相继击落5架U-2高空侦察机，成为当时世界舆论的热门话题。我军不仅开创了防空导弹打飞机的先例，更是接二连三地击落当时世界上最先进的侦察机，捍卫了

祖国的领空安全，让我国防空导弹部队打出了名气[1]。

（二）"红旗"系列导弹纵览

红旗系列防空导弹构成我国防空导弹的主体。自1965年"红旗-1"防空导弹研制成功开始，从最初的"红旗-1""红旗-2""红旗-3"，发展到后来的"红旗-6"和"红旗-7"，再到国外媒体争相报道的"红旗-9""红旗-16""红旗-17"等，红旗系列防空导弹涵盖了近程超低空到中远程、中高空的火力范围，已经形成一个庞大的防空家族，担负着祖国防空的重任。

1."红旗-2"中高空中程防空导弹

"红旗-2"是由我国自行研制的一款全天候、中高空、中程地空导弹武器系统，于1967年6月定型，并大量列装我国防空部队，主要担负要地防空任务，用于对付敌轰炸机、歼击轰炸机和侦察机等。其在国土防空和边境作战中屡建奇功。

2."红旗-7"低空超低空防空导弹

"红旗-7"是我国为适应国防建设需要，提高地空导弹快速反应、抗干扰、对付多目标等性能而研制的一种较为先进的、具有第二代武器特征的低空超低空地空导弹武器系统。

1979年3月，我军提出研制新的具有低空、超低空作战能力和野战机动能力的地空导弹系统，以加强野战防空和超低空防空能力。同年6月，国务院、中央军委正式下达研制任务，命名为"红旗-7"导弹。"红旗-7"是由中国工程院院士、我

1.《飞鸣镝——中国地空导弹部队作战实录》，陈辉亭著，解放军文艺出版社2005年版。

国低空防空导弹武器的开拓者和技术带头人钟山先生带领团队负责研制。1988年4-6月，"红旗-7"导弹武器系统进行了飞行拦截试验、车辆越野试验、展开撤收试验、反应速度与火力转移速度试验等设计定型试验，共发射导弹14发，击落各型靶机8架。特别是实现了首次双目标拦截成功；首次低空目标拦截成功；首次组织全武器系统战斗使用性能试验成功。这次设计定型试验的圆满成功，标志着中国地空导弹武器研究、设计、试制、试验的能力达到了新的水平，实现了由第一代向第二代的跨越，缩短了与国际先进水平的差距。

自1990年服役以来，"红旗-7"大幅提升了我国的低空超低空防御能力，颇受军方用户的好评和欢迎，并根据现代防空作战的需求进行了持续改进，武器系统的综合作战能力不断提高。

"红旗-7"的出口型号编号为"飞獴-80"（FM-80），成为我国依靠自身力量所研制的第一型登上国际舞台的防空导弹，较好地体现了20世纪90年代国际技术水平，提高了针对超低空目标的拦截能力。其后，在FM-80系列上提升改进的"飞獴-90"（FM-90）先后出口多个国家，其优异的性能在外军用户中取得了良好的口碑。

3. "红旗-9"中高空中远程防空导弹

20世纪60年代至90年代初，中国的地空导弹系统多停留在对"红旗-2"导弹不断改进的阶段，而"红旗-2"导弹的原型苏联"萨姆-2"防空导弹是20世纪50年代的产物，其对空防御能力已越来越不符合现代作战的需要。因此，早在80年代，我军就开始论证"红旗-9"中高空中远程区域防空导弹的立项。随后，中国航天科工二院作为我国防空导弹的主要研制单位，承接了"红旗-9"任务。20世纪80年代，"红旗-9"中远程区域防空导弹曾被国内称为"9号工程"。

20世纪90年代之后，随着军方和研发人员对俄制"S-300"和美制"爱国者"等当时最先进的防空导弹系统技术水平、战术等运用情况认识的逐步深入，对于"红旗-9"导弹的杀伤空域、抗干扰、抗多目标饱和攻击能力等技术性能水平的要求也不断提高。

"红旗-9"防空导弹作为陆海通用型导弹，从1980年开始立项研制，到1995年初步定型并少量生产交付部队进行试验和试用，前后共花了大约15年的时间。"红旗-9"首次公开亮相是在2009年新中国成立60周年阅兵式上，后续按系列化改进包括"红旗-9B"地空导弹和"海红旗-9B"舰空导弹。

"红旗-9"中远程地空导弹作为中国的第一款国产第三代防空导弹，实现我国防空导弹跨越式发展，让中国具备了较强的区域防空能力。它的研制成功，也适时满足了我国防空方面的迫切需求，大幅提升了国土和舰艇区域防空能力，同时该导弹的研制成功也为我国探索研制下一代地空导弹提供了经验和基础。

4."红旗-17"低空野战防空导弹

"红旗-17"防空导弹是我国借鉴俄罗斯"道尔-M1"低空野战防空导弹系统所研制的一款陆军装甲履带式机动防空导弹系统，其总体性能优于"道尔-M1"系统，并发展出轮式改进型号系列。

"红旗-17"防空导弹将雷达、导弹和制导站集于同一装甲车，具有机动能力强、反应速度快、垂直发射等特点，能够适应高原作战，主要用于拦截低空、超低空突防的作战飞机和战术空地导弹，保障地面部队集结、行进和战斗的顺利进行。凭借其灵活的机动性，优异的雷达搜索能力，可精确拦截低空攻击机、直升机以及巡航导弹，素有"武直杀手"之称。

"红旗-17"的列装对于我军来说具有重要的里程碑意义，它的列装为我陆军机械化部队大纵深突击作战提供了强大的随行对空防御能力，为陆军遂行全域作战使命提供了有力的保证。

三、"霹雳"系列导弹

现代战争离不开制空权的支持，而性能先进的空空导弹是夺取制空权的重要保证。空空导弹是由飞机携带，从飞机上发射，攻击并摧毁敌空中目标的导弹，是各类军用航空器执行战斗任务的主要手段。它是空中搏击的"敏健拳手"，也是现代空战中的关键。由于空空导弹的发射平台和打击目标都处于高速运动之中，因此它是导弹家族中独具特色的一个分支，也是较早应用精确制导技术的导弹。

（一）用生命换来的空空导弹

1958年9月24日金门炮战中，我军飞行员王自重掉队后突然遭遇国民党12架战机。他冲入敌机群中混战，击落2架敌机。在试图脱离的时候，王自重座机被敌人咬尾发射了一枚"AIM-9B响尾蛇"导弹，王自重认为已经脱离航炮射击范围，因为他根本不知道敌机装备了空空导弹，没有来得及机动躲避，壮烈牺牲。但这次空战中，敌军发射的一枚"AIM-9B响尾蛇"导弹坠地没有爆炸，被我军完整缴获。这是世界空战史上空空导弹首次运用于实战。

烈士的鲜血没有白流。1958年10月我国正式开始解剖分析"AIM-9B响尾蛇"空空导弹，命名为"55号"工程。以此为起点，新中国的空空导弹经过几十年的发展，从第一代的"霹雳-1"与"霹雳-2"，到第二代的"霹雳-5"，再到第三代的"霹雳-8"与近年来研发的第四代"霹雳-10"，现如今已跻身于世界先进行列。

（二）"霹雳"系列导弹纵览

1. "霹雳-1"与"霹雳-2"空空导弹

"霹雳-1"空空导弹是我国第一型红外制导空空导弹。该导弹射程极为有限，飞行制导阶段的持续时间只有12秒，且必须沿着飞机制导雷达持续不断发出的波束飞行，性能较低，在"霹雳-2"出现后被替代。

1961年苏联利用我军在实战中所缴获的美制"AIM-9B"红外制导空空导弹仿制出了"K-13"空空导弹，在苏制"K-13"导弹的基础上，我国于1970年成功仿制出"霹雳-2"，从此我国开启了自行设计生产制造空空导弹"霹雳PL"武器系统之路。

2. "霹雳-5"空空导弹

"霹雳-5"是我国于1966年开始研制的空空导弹，后大量替代"霹雳-2"交付装备部队使用。1986年，红外制导的"霹雳-5乙"（又称"霹雳-5B"）定型交付列装。

"霹雳-5E"是"霹雳-5"系列的最新改型。该弹采用了激光近炸引信，是我国自行设计的第三代红外型空空导弹。其创造了两个国际先进和一个国内首创，所使用的少烟推进剂解决了因导弹发射烟雾而造成飞机发动机空中停车的关键问题。

3."霹雳-8"近距空空导弹

1982年，我国与以色列签订合同购买"怪蛇-3"空空导弹，并引进该导弹及其配套产品的专有生产技术；1983年9月15日，以"八号工程"为代号的仿制工作正式启动，开始执行引进合同，在引进、消化国外技术的同时，国产"霹雳-8"开始批量生产。20世纪90年代初，"霹雳-8H"护卫舰舰载型导弹和改良型导弹"霹雳-8B"相继问世。

和以往的空空导弹相比，"霹雳-8"性能上具备三大优势：第一，使用了推力更大的火箭发射器，机动性更强；第二，安装了高性能红外线导引头，具备大离轴角发射能力；第三，能够与头盔瞄准具相连接，飞行员可以"指哪打哪"，提高了赢得空战的几率。

"霹雳-8"作为中国空空导弹迈入世界一流水平的开端，也是我海、空军空中火力步入现代化的起点，在90年代更是我军捍卫祖国领空的唯一国产利器。

4."霹雳-10"近距格斗空空导弹

随着歼-20、歼-10C等战斗机试飞的曝光，"霹雳-10"逐渐进入大众视野。"霹雳-10"是我国空军着眼于第四代作战飞机配套的新一代格斗空空导弹，通过采用一系列新技术，其战术性能有了明显的提高，可大大增强中国空军的近距空战能力[1]。

1.《空空导弹的历史、现状和发展》，张勋著，载于《空军装备研究》2007年第6期，第13—16页。

四、"鹰击"系列导弹

反舰导弹是指从舰艇、岸上或飞机上发射，攻击水面舰船的导弹，由于其体积小、速度快、造价低、威力大而很快受到各国军队的青睐，是一种效费比很高的武器装备，在现代海战中发挥了重要作用。

1967年，在第三次中东战争中，埃及军队用4枚并不昂贵的苏制"冥河"反舰导弹一举击沉了以色列当时吨位最大的驱逐舰"埃拉特"号，使反舰导弹一举成名。20世纪80年代后，空射反舰导弹出现。在1982年英阿马岛战争中，阿根廷使用6枚"飞鱼"空对舰导弹击沉了英国皇家海军造价数十亿美元的"谢菲尔德"号主力驱逐舰和一艘大型运输船，差一点完全改变了战争的进程。

（一）我国反舰导弹的发展历程

自20世纪50年代末期开始，我国以苏联544型反舰导弹（"冥河"式反舰导弹）为基础，结合自主技术创新，共发展了"上游""海鹰"以及"鹰击"三个系列数十种各式反舰导弹，按照最初的编号规则，这三个名称分别用来称呼舰载反舰导弹、岸基反舰导弹和空射反舰导弹三个类别，但随着反舰导弹的一弹多型化，上述规则逐渐变得模糊混乱，比如原本作为岸舰型发展的"海鹰"系列反舰导弹，最终取代"上游"系列而成为一个时期内我国反舰导弹的主力型号；而出现更晚的"鹰击"系列，则因其采用技术更新、通用化更强，最终取代了"上游"和"海鹰"两个系列的反舰导弹，使得后期"鹰击"系列一枝独秀，几乎成为我国反舰导弹的"名片"。

（二）"鹰击"系列导弹纵览

我国的第一代反舰导弹为"上游"系列反舰导弹和"鹰击-6"反舰系列导弹，第二代是"鹰击-8"系列反舰导弹。

1. "鹰击-6"空舰导弹

"鹰击-6"空舰导弹是由"海鹰-2"派生而来的。20世纪60年代中期，我国海、空军先后提出为轰-5、轰-6轰炸机装备导弹武器以增强突防能力的设想。但随后由于政治动荡，研制工作被迫停滞。直到1977年4月，海军联合军工部门联合审定了空舰导弹系统方案，确定将"轰-6甲"改为空舰导弹载机，将导弹正式命名为"鹰击-6号"空舰导弹，同时在"轰-6甲型"基础上改装"轰-6丁"载机，方案是在机翼下挂载两枚"鹰击-6"导弹。1982年6月19日，"鹰击-6"试射成功，随即宣告正式服役，并迅速批量装备部队。

2. "鹰击-8"系列反舰导弹

"鹰击-8"系列导弹是中国第一种摆脱苏联设计思路，独立设计的亚音速反舰导弹。不过鲜为人知的是，这种颠覆苏式设计的导弹，在其研制初期因为长期未能立项，而被研制人员戏称为"小二黑"。直到1977年9月，中央军委正式批准了新型小型反舰导弹的研制方案，命名为"鹰击-8"。1978年，首枚"鹰击-8"试制成功，次年首发飞行试验成功。1984年国庆阅兵式上，"鹰击-8"基本型横空出世，对中国反舰导弹的认识还局限于"上游""海鹰"的外国武官看到"鹰击-8"之后不禁惊呼为"中国飞鱼"。此时"鹰击-8"的研制工作还未完全结束，1985年9月，改装后的24型导弹艇发射6枚"鹰击-8"全部命中目标，这标志着"鹰击-8"研制成功。

"鹰击-8"基本型的射程为40千米，和法制"飞鱼"基本型接近，弹翼不可折叠；"鹰击-8A"是在"鹰击-8"基础上改进的增程型，采用固体火箭发动机，弹翼和助推器尾翼均可折叠，在体积、重量基本不变的情况下射程增加至70千米，是"鹰击-8"系列中第一种大量列装的舰对舰型号[1]。

<拓展阅读>

"小二黑"名字的由来

"鹰击八号"是称为"中国飞鱼"的飞航导弹，它使用固体发动机，体积小，重量轻，超低空掠海飞行，抗海浪和抗电子干扰性能好，能钻进敌舰肚子里爆炸！

这个可爱的"小宝宝"，孕育于国家的艰辛探索时期，那时国家尚无力顾及它，它便成了个"黑户口"，加上它是最早的小型导弹，被戏称为"小二黑"。

3. 新一代的反舰导弹

随着技术的进步与对导弹射程不断增长的需求，近年来我国又陆续研制出了更先进的反舰导弹。

在2010年珠海航展上，新一代导弹模型作为"歼-10"机载武器与"歼-10"一同亮相，成为航展上的一大亮点。2012年8月，"辽宁号"航空母舰甲板上出现了两型反舰导弹的模型，导弹模型的出现意味着"歼-15"可以使用上述两种导弹攻击

1.《我们有了自己的第三代"飞鱼"——中国海军反舰导弹发展之路》，沈顺根著，《当代海军》1998年第3期，第48—50页。

敌水面舰艇，若同时使用两种导弹亚超结合、主/被动结合，即使装备"宙斯盾"防空系统的战舰也将面临严峻考验。

2015年在抗战胜利日阅兵中亮相的"鹰击-12"超音速反舰导弹，具备高速度、高机动能力和大射程特点，具有极强的突防能力和射程优势，其载机包括"歼轰-7"，FC-1"枭龙"战斗机，"歼-15""歼-16""歼-11B"战斗机，"轰-6K"和"苏-30"战斗机等，也可以装备在052D型驱逐舰上，是我国新一代反舰导弹的核心力量。

"鹰击-12"的研制成功，使中国在高速反舰导弹领域中达到了世界顶尖水平，也代表中国在冲压、高速耐热飞行器结构、导弹飞行控制系统等方面的研发水平取得了极大的进展，是我国导弹研制历史上一次极为重大的突破和跨越。

五、"巨浪"导弹

（一）二次核打击拒绝核威胁和核讹诈

20世纪50年代，美国率先研制成功了"北极星A1"潜射战略固体弹道导弹，震动世界。面对超级大国的核威胁和核讹诈，我国亟需拿出有效的反制手段，为此，毛泽东主席发出了"核潜艇，一万年也要搞出来"的号召。但核潜艇上需要携带装有核弹头的战略导弹，才能构成一个国家的二次核打击能力，研制从潜艇发射的潜地固体战略导弹势在必行，1965年8月，周恩来总理提出争取提前搞出固体导弹。

所谓"二次核打击"是指在己方核武器基地遭到敌方打击后，仍能保存足够的核力量对敌方实施有效的核反击。因此，

"二次核打击"能力就成为一个有核国家具备有效、成熟的核威慑力的标志。以潜艇为发射平台，从水下发射弹道导弹是当今世界上"三位一体"的战略核武器系统的重要组成部分。事实上，弹道导弹核潜艇的巨大威力就直接体现在它所携带的潜射弹道导弹上。是否具有性能可靠的弹道导弹核潜艇对一个国家建立二次核反击而言具有极为重要的意义。

中国海军的潜射弹道导弹发展项目基本上与核动力潜艇发展项目同时启动，根据中央军委的决定，于1965年8月开始固体战略导弹总体设计工作，中国潜射弹道导弹的发展从此拉开了序幕。经历了重重磨难，中国的导弹核潜艇作战体系已经具备了可靠的水下二次反击能力，承担起战略值班的重任。当前，中国已研制列装"巨浪一号"与"巨浪二号"两代潜射弹道导弹[1]。

（二）"巨浪一号"导弹纵览

1967年3月，国防科委正式下达了中程潜地固体导弹的研制任务；同年10月海军最终确定了导弹核潜艇和潜射导弹的总体方案和战术指标。"巨浪一号"作为我国第一型潜地固体战略弹道导弹是在没有任何技术援助、不具备固体型号研制技术力量及研究条件以及没有借鉴和仿制对象的情况下，完全由我国自己的研制团队摸索出来的。

1982年10月7日，首枚"巨浪一号"导弹发射正常，但点火后不久导弹失控反转在空中自毁，经过仔细检查与改进，

1.《"巨浪"冲天举世惊——中国海军潜射弹道导弹》，台风著，《舰载武器》2004年第9期，第32—35页。

10月12日顶着巨大压力的第二枚导弹发射试验获得成功；1982年的试验成功后，导弹核潜艇开始进行最后的"艇弹合一"发射试验。但1985年"巨浪一号"的遥测弹连续发射失败，研制工作一度陷入瓶颈。

经过3年的卧薪尝胆，1988年9月15日和9月27日，"巨浪一号"导弹两次水下发射试验都获得圆满成功，完成了中国第一型潜射弹道导弹的定型试验[1]。

* "巨浪一号"潜射弹道导弹发射瞬间。图片来源：《军工记忆——把一切献给党》第一集《铸剑止戈》

作为中国海军第一代潜射固体弹道导弹的"巨浪一号"是我国首型固体战略弹道导弹。在黄纬禄总师的带领下，科研人员提出"一弹两用"：既是核潜艇导弹，在陆地上又可作陆基机动导弹。方案得到了国防科委的批准，其陆基型号即是"东风

1.《蛟龙出海破云山——我国第一型潜地固体导弹巨浪一号发展回眸》，王舒颖、苑轩著，《国防科技工业》2012年第11期，第52页。

二十一号"弹道导弹。

"巨浪一号"是我国第一型固体战略弹道导弹、第一型潜射导弹，它的研制成功标志着我国成为世界上第五个拥有潜艇水下发射核导弹能力的国家，具备了二次核打击能力[1]。

＜拓展阅读＞

"四共同"原则——巨浪背后的智慧

在航天系统里，有一条广为人知的"四共同"原则："有问题共同研究，有困难共同克服，有余量共同掌握，有风险共同承担"，已然成为了航天型号系统协调工作中的金科玉律，其正是诞生于"巨浪一号"的研制过程中。

过程中，试车试验中一级发动机摆动喷管的摩擦力矩大大超过了任务书要求，导致整个研制的进度陷入了长时间的停顿。为此，作为武器系统总设计师的黄纬禄在经过充分的会前准备之后，在1979年的8月6日，召开了一次极为重要的会议——第一次总师扩大会。会上，"科技报国"心切的黄纬禄总设计师呼吁"有问题共同商量，有困难共同克服，有余量共同掌握"，"不能出了问题时相互指责、埋怨"，同时，他明确表示"作为总设计师，我首先要承担责任"。会议结束时，各参会单位达成共识，形成了可行的技术解决方案。总师办公室将其总结为"有问题共同研究，有困难共同克服，有余量共同掌握，有风险共同承担"的

1.《雷震海天——导弹总体与控制技术专家黄纬禄》，何丽萍、严华、吕慧英等著，中国宇航出版社2009年版，第98—102页。

"四共同"原则。

六、"长剑"系列导弹

（一）高精度巡航导弹作用日益凸显

第一次海湾战争之前，为了在可能发生的小规模、高强度军事冲突中抢占先机，我军列装了大量短/中程弹道导弹。这些种类的导弹威力虽大，制造和维护成本却很高，价格甚至高于当时的一架三代机。由于技术原因，打击精度也不够高，且易发生误伤。

在海湾战争中，美军先发制人，在首轮攻击中便使用600余枚"战斧"巡航导弹对目标进行准确打击，将巡航导弹的优势发挥得淋漓尽致，甚至有穿过窗户精准打击大楼内目标的优异表现。这给当时装备较为落后，致力于军事现代化的中国军队带来了巨大的冲击。

"战斧"导弹在海湾战争的表现令世界掀起了一阵"巡航导弹热"，各军事工业大国纷纷根据自己的技术水平和战略需求，发展适合各自的巡航导弹，并取得了较大进展。

在这种背景下，为了丰富我军打击手段，"长剑-10"巡航导弹（又称"DF-10"）应运而生。

（二）"长剑"系列导弹纵览

早在20世纪70年代，我国即着手研究探索巡航导弹技术，时间上来看并没有比美国晚多少，只不过当时不叫巡航导弹，而叫"低空面打击武器"。

二十世纪八九十年代，我国建立了专门的研究机构，启动立项研究，其工程代号一变再变，由最初的"DH-10"改为"长剑-10"，后再次更名为"DF-10"。到如今，"长剑-100"的成功研制实现了我国巡航导弹飞行速度的重大跨越。

1．"长剑-10"巡航导弹

早在20世纪90年代，中国就开始了完全自主研发新一代巡航导弹。由于技术基础薄弱且从来不具有射程在1000千米以上的巡航导弹的研制经验，研发进度比较缓慢。

由于西方对我国的技术封锁，一切都要从头开始。一支由航空、航天、航海、电子、测绘、遥感、材料等多个领域的近百家单位、数十所大专院校共同参与的研制团队迅速组建，由中国航天科工三院牵头，各参与单位分工协作，共同开始巡航导弹预先研究[1]。

应研制需要，发动机研究所专门成立了该型发动机总体研究室。经过攻关，10余项关键指标先后被攻克，突破了一系列技术难题，使我国一跃成为世界上第三个拥有这种发动机的国家，为研制巡航导弹扫清了关键障碍。

本着"不求局部最优，但求整体最优"的设计原则，"长剑-10"的设计在几经修改后，实现了射程与"战斧"相当、精度略差于"战斧"的理想结果。"长剑-10"的首次试射成功，获得中央军委的高度赞誉。在"北斗"导航系统组网之后，可接受导航卫星信号进行航向修正的"长剑-10"已经获

1．《揭秘中国陆基巡航导弹研发艰辛历程》，刘一丹、刘铭、刘华英等著，载于《军工文化》2013年第12期，第52—55页。

得了不亚于"战斧"的精度水平。目前,"长剑-10"已经成为我军主力装备,其衍生型号也在稳步成为海、空军远程打击的中流砥柱。

"长剑-10"导弹的成功研发填补了我军在中远程陆基巡航导弹方面的空白,使我军不仅在战术层面多了一款"开罐器",也在战略层面加强了威慑力,更在可能到来的战争中丰富了打击手段。通过与其他"东风"导弹的搭配组合,"长剑"巡航导弹能够更好地发挥技术优势,使我军战斗力更上一层楼。

2."长剑-100"巡航导弹

"长剑-100"巡航导弹属于超音速巡航导弹,其显著特点就是精度高、射程远、反应快。"长剑-100"让我军巡航导弹实现了从亚音速到超音速的突破,作战能力显著提升。其采用模块化的发展思路,不只是实现了巡航导弹飞行速度的重大跨越,还可以对移动目标进行高精度攻击,使得巡航导弹技术实现质的飞跃。

航程远、精度高、低空飞行、隐蔽突防、连续突击的巡航导弹,在高技术局部战争和军事冲突中发挥着重要的威慑和杀伤作用。"长剑-100"的出现,填补了我军中远程精确打击力量的空白,实现了打击样式和作战能力新的飞跃。

目前,我国的导弹研制水平已跨入世界先进行列,并形成了"探索一代、预研一代、研制一代、生产一代"的协调发展格局,有力支撑了我国建设世界一流军队,增强了保卫国家主权、维护世界和平的能力,为奠定我国在国际舞台上的大国地位发挥了重要作用。

第 3 章

五十余载架天梯

——探秘运载火箭

要大力弘扬"两弹一星"精神、载人航天精神，坚持面向世界航天发展前沿、面向国家航天重大战略需求，强化使命担当，勇于创新突破，全面提升现代化航天发射能力，努力建设世界一流航天发射场。

——习近平总书记在视察文昌航天发射场时强调（2022年4月12日）

"东风"起，中国强。中国航天事业发展从导弹开始起步，导弹研究经历了从近程到中程、从远程到洲际，从液体到固体、从固体到机动，从陆基到潜射、从第一代到第二代的发展道路，形成了综合性的战略核打击能力。在"两弹一星"基础上，中国发展并不断完善系列运载火箭，开始了科学卫星、技术试验卫星和应用卫星的系列化发展，产生了强大的社会和经济效益[1]。一系列中国太空探索的大动作，绝大多数是在长征系列运载火箭运送下完成的。运载火箭的能力有多强，航天的舞台就有多大，是运载火箭架起了中国人探索太空的"天梯"。

一、火箭二三事

火箭是靠火箭发动机喷射工质（工作介质）产生的反作用力向前推进的飞行器。它自身携带全部推进剂，不依赖外界工质产生推力，可以在稠密大气层内，也可以在稠密大气层外飞行，是实现航天飞行的运载工具。

（一）火箭分类：探空火箭与运载火箭

火箭，是连接人与太空的天梯。火箭按用途分为探空火箭和运载火箭。当装载科学仪器，承担探测地球大气参数等任务时，就称为探空火箭；当火箭装载卫星、飞船等，承担将其送入预定轨道的任务时，就称为运载火箭。

1.《中国航天技术的突破性发展》，李成智（编），中国科学院院刊，2019年版，34卷第9期，第1014—1027页。

　　探空火箭是在近地空间进行探测和科学试验的火箭。利用探空火箭可以在高度方向探测大气各层结构成分和参数，研究电离层、地磁场宇宙线、太阳紫外线和X射线、陨尘等多种日－地物理现象。探空火箭所获取的资料可用于天气预报、地球和天文物理研究，为弹道导弹、运载火箭、人造卫星、载人飞船等飞行器的研制提供必要的环境参数。探空火箭分为气象火箭（多用于100千米以下高度的大气常规探测）、生物火箭（用于外层空间的生物学研究）、地球物理火箭（用于地球物理参数探测，使用高度大多在120千米以上）。探空火箭还可用于某些特殊问题的试验研究，如利用探空火箭提供的失重状态研究生物机体的变化和适应性，利用探空火箭进行新技术和仪器设备的验证性试验等。

　　运载火箭指的是将人们制造的各种航天器推向太空的载具，用于把人造地球卫星、载人飞船、空间站或行星际探测器等送入预定轨道。运载火箭是由多级火箭组成的航天运载工具，一般为2—4级。常用的运载火箭按其所用的推进剂来分，

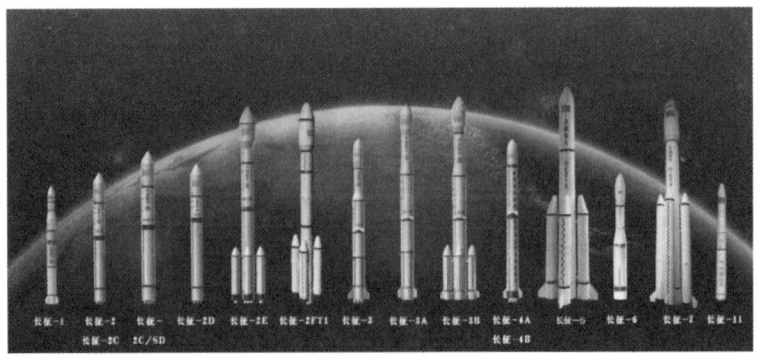

＊运载火箭。图片来源：我们的太空新媒体中心

可分为固体火箭、液体火箭和固液混合型火箭三种类型。如我国的"长征三号"运载火箭是一种三级液体火箭；"长征一号"运载火箭则是一种固液混合型的三级火箭，其第一级、第二级是液体火箭，第三级是固体火箭；"长征十一号"则是四级固体火箭。

<拓展阅读>

中国首枚探空火箭成功试射

1960年2月19日，在上海市郊南汇县老港镇一片沿海的滩涂上，我国第一枚液体燃料探空火箭——探空七号模型（T-7M）轰然一声，腾空而起，直刺青天，揭开了上海航天事业的序幕。这是中国完全依靠本国力量发展探空火箭取得的第一个具有工程意义的成果。

为研制火箭，中国科学院上海机电设计院的研制人员攻克了一道道技术难关：在经过几十种方案700多次试验后，最终确定了薄膜材料、腐蚀图案、适用的保护剂和腐蚀剂、腐蚀温度及时间，使爆破薄膜在预定压力下均匀破裂，并达到控制精度的要求；没有控制爆炸螺栓和开伞螺栓点火时间的时间控制器，就动手改装小台钟；不会设计制作降落伞，就请教跳伞运动教练，绘出图纸后又请缝纫师傅帮忙制作……

为发射T-7M探空火箭，研制人员在南汇火箭发射场建起一座高29米的燕尾槽形单轨发射架，用几张芦席搭成的简易工棚内安放着一台临时借来的50千瓦发电机；没有专用加注设备，就用自行车的打气筒作为推进剂的压力源；

没有步话机或电话、广播喇叭，就靠大声呼叫或做手势下达操作指令；没有自动脱落机构，操作人员就在高压气瓶充气结束后，冒着危险跑到处于待发射状态的火箭近旁去拆下充气阀；没有自动遥测定向天线，就用手转动天线跟踪火箭。

正是靠着一股子拼劲，研制人员终于成功地将T-7M探空火箭送上了蓝天。在安徽广德发射场，我国首枚实用型液体燃料探空七号（T-7A）气象火箭成功地被送上了蓝天。这是中国空间科学史上的第一个重大成果，为我国运载火箭的发展探索了前进道路。

按级数来分，运载火箭可以分为单级火箭、多级火箭。其中多级火箭按级与级之间的连接形式来分，分为串联型、并联型、串并联混合型三种。串联型火箭级与级之间的连接分离机构简单，其上面级[1]的火箭发动机在高空点火。并联型火箭的连接分离机构较串联型复杂，其芯级第一级火箭与助推火箭在地面同时点火。

按照规模分类，火箭可分为小型运载火箭、中型运载火箭、大型运载火箭、重型运载火箭等，主要区分标准为近地轨道（LEO）的运载能力。

运载火箭的组成部分主要有箭体结构、动力装置系统和控

1.上面级是一种能够进一步将航天器从准地球轨道或地球轨道送入预定工作轨道或预定空间位置的小火箭。它可多次启动，工作时间长，能先后把不同"乘客"送到不同目的地，大大增强了我国运载火箭的任务适应性。

制系统。这三大系统称为运载火箭的主系统。此外，箭上还装有遥测系统、外测系统和安全控制系统等。

自20世纪70年代起到80年代初期，中国先后研制成功"长征一号""长征二号""长征三号"和"长征四号"系列运载火箭的基本型。20世纪80年代后期，在上述型号基础上又陆续研制了"长征二号E""长征二号F""长征三号甲""长征三号乙""长征三号丙""长征四号甲"和"长征四号乙""长征四号丙"等型号的运载火箭，满足了大容量应用卫星和载人飞船、空间实验室发射的需要。进入21世纪，新一代"长征"系列火箭研制成功，运载能力大为提高，满足发射大型载荷和空间站舱段的需要。

"长征"系列火箭实现首个100次发射用时37年；第二个100次发射用时7年多；第三个100次发射仅用了4年多时间。另外，"长征"火箭300次发射的成功率约为96%。其中在第三个100次发射中，发射成功率高达97%，居世界领先地位。尤其在2018年，"长征"火箭以全年37次发射的全胜战绩，首次位居世界航天发射次数年度第一。

（二）"长征"系列运载火箭——何以命名

火箭设计之初，大家都想给火箭起什么名字。中国运载火箭技术研究院第一总体设计部总体设计室的研究人员，有感于毛主席著名的《七律·长征》，提出建议并经上级领导批准，将中国火箭命名为"长征"，寓意中国火箭事业一定会像红军长征一样，克服任何艰难险阻，到达胜利彼岸。从此，"长征"就成为中国系列运载火箭的标志性名称，中国航天人也踏上了献身祖国航天事业的新长征。

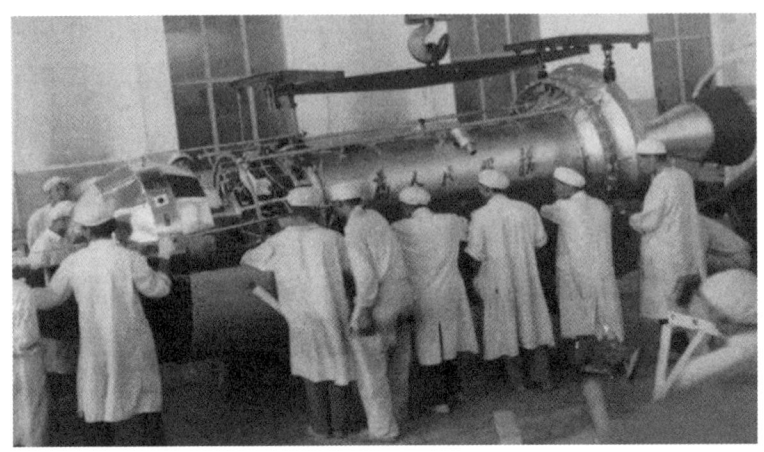

* 1969年8月，研制人员在总装车间把"长征一号"第三级火箭吊进整流罩。图片来源：中国运载火箭技术研究院

经过几年艰苦的努力和探索，中国研制的"长征一号"运载火箭发射成功，将第一颗人造地球卫星送入轨道，使中国成为继苏联、美国、法国、日本之后，第五个拥有人造卫星发射技术的国家。

＜拓展阅读＞

火箭弹

火箭弹，传统上又分为三类。

第一，火箭炮发射的火箭弹。现在口头上说起"火箭弹"，大多是指这种。

第二，航空火箭弹，一般通过机载火箭发射巢发射，美国喜欢用70毫米、127毫米口径的，苏联则是大小都爱用，从57毫米、80毫米到122毫米、240毫米，甚至有340毫米、420毫米的。另外，最早的火箭炮——"喀秋莎"，就是把RS-82型航空火箭弹从飞机移植到卡车上形成的。

第三，单兵火箭弹，主要是用于反坦克。我国一般把包含火箭弹和发射器的整个武器系统，称为火箭筒，比如"40火"。欧美根据发射原理，把苏联人研制的称为"火箭助推榴弹"（RPG），自己研制的称为"反坦克武器"（AT）或"轻型反装甲武器"（LAW）、"近程支援武器"（SRAW）等。

"长征"代表着火箭飞过的长长轨迹，也代表着中国航天事业光荣而艰辛的征程。从长征路到飞天路，折射的是薪火相传的精神。不同的长征，同样的精神。

二、"长征"系列火箭的奠基

自"长征一号"运载火箭成功发射中国第一颗人造卫星"东方红一号"后，长征火箭家族不断有新成员加入，运载能力步步提升。截止到2021年10月，完成390多次发射任务，从一箭一星到一箭多星，从发射卫星到发射载人飞船、月球探测器，中国长征火箭用耀眼的数据记录了中国航天史上的每一个精彩瞬间。长征火箭运载能力相比之前提升了数十倍，"长征一号"运载能力是300千克，"长征五号"首飞成功，我国运载火箭近地轨道和地球同步轨道的运载能力分别达到了25吨级和

14吨级。

早期的"长征"火箭是从弹道导弹改进而来的，大约研制和发射了13种型号的"长征"系列火箭。后来，面对不断增长的空间资源开发需求以及日益激烈的商业发射市场，我国又在不断改进原有火箭的同时，开发出了4种型号的新一代大型、中型和小型运载火箭。

新一代运载火箭以可靠性、安全性和经济性等为主要设计原则，采用无毒环保、比冲较高的液氢/液氧或液氧/煤油发动机以及大直径、少级数等方案，通过模块化、组合化和系列化方式，大大提高了运载能力，降低了成本。

经过几代航天人的艰苦奋斗，中国已经形成了具有自主知识产权，并拥有"长征一号""长征二号""长征三号""长征四号""长征五号""长征六号""长征七号""长征八号""长征十一号"等多型运载火箭。中国也是世界上首个具有完整运载火箭系列的发展中国家。

（一）"长征一号"——中国首枚空间运载火箭

1970年4月24日，"长征一号"运载火箭成功发射"东方红一号"卫星，向全世界宣告中国首型运载火箭诞生了，作为中国首枚空间运载火箭，"长征一号"也拉开了中国人探索太空、造福人类的序幕。

发射人造卫星，首先需要有运载工具，即运载火箭。但是，出于对国际形势的判断以及国家安全的考虑，直至1964年，我国一直优先发展研制地地导弹、地空导弹和岸舰导弹。

1964年12月，时任中国科学院地球物理研究所所长的赵

* "长征一号"运载火箭。图片来源：中国运载火箭技术研究院

九章当面向周恩来总理递交建议书，文中写道：发射人造卫星和发射洲际导弹"相辅相成"。

1965年1月，钱学森向国防科委提出"制定我国人造卫星研究计划"的书面报告。1965年6月，中央专委十二次会议决定：将发射人造地球卫星列入国家计划，并命名"651"任务，由第七机械工业部（七机部）负责研制运载火箭。

1966年1月，七机部确定，第八设计院（上海机电设计院1965年8月搬迁到北京后的名称）负责运载火箭的总体设计和技术抓总、末级总体及总装工作。1967年11月改由一院研制。

火箭第一、二级选用东风四号导弹，一院承担一、二级研制和有关改变飞行程序和弹道计算的工作；四院研制末级固体发动机；二院研制火箭姿态控制系统。

1966年5月，上级批准并命名我国第一颗人造地球卫星为"东方红一号"，运载火箭为"长征一号"。

1969年，"长征一号"进入关键的地面试车阶段，但受"文化大革命"动乱干扰，试车无法进行。对此，周恩来总理非常着急。1969年7月17日、18日、19日和25日，总理连续4次召集有关人员开会。7月25日在国务院会议厅，总理要求把七机部参加"651"任务研制工作的29个单位和3456名工作人员登册上报，并要求按系统由各级军管会主任通知下达，所有人员要服从指挥、坚守岗位。在周恩来总理的亲自过问和大力狠抓下，"长征一号"火箭的试车工作在1969年9月上旬顺利完成。

1970年3月26日，"长征一号"运载火箭被运往酒泉卫星发射中心。火箭全长29.46米，最大直径2.25米，起飞质量81.57吨，起飞推力104吨。"长征一号"是三级火箭，其第一、二级采用当时我国发射中远程战略导弹所用的液体火箭，第三级是新研制的固体火箭。该火箭低轨运载能力为300千克，为我国多级火箭技术的发展奠定了全面技术基础，掌握了多级火箭稳定和姿态控制技术等。由于运载能力较小，"长征一号"现已停用。

"长征一号"运载火箭的诞生，标志着中国打通了走向太空的"快速路"，使得中国人探索宇宙奥秘、和平利用太空、造福人类真正成为可能，为后续长征系列运载火箭的研制奠定了坚实技术基础，积累了宝贵经验。

（二）"长征二号"——开创了3.35米芯级直径的构型

"长征二号"（CZ-2）[1]是我国第一个大型运载火箭，用于发射低轨道重型卫星。它使中国成为世界上第三个掌握航天返回技术和航天遥感技术的国家，这对加强国防力量、发展国民经济具有重要意义。

"长征一号"运载火箭成功发射中国第一颗人造地球卫星"东方红一号"之后，中国开始着眼提升空间观测能力，把发射低轨道重型卫星的任务列入了空间发展计划。根据国家要求，新型运载火箭要具有把1800千克重的卫星送入500千米以下椭

* "长征二号"发射。图片来源：中国运载火箭技术研究院

1.该火箭长32.6米，最大直径3.35米，起飞重量190吨，近地轨道运载能力1.8吨，推进剂使用偏二甲肼和四氧化二氮。它是中国运载火箭的基础型号，共执行过4次发射任务。以"长征二号"火箭为原型，先后研制出"长征二号甲""长征二号丙""长征二号丁""长征二号E"及"长征二号F"运载火箭，形成了"长征二号"系列运载火箭。

圆轨道的能力，研制更大推力的新型远程运载火箭被提上日程。

1970年，在远程导弹的基础上，中国开始了"长征二号"运载火箭的研制工作。1974年11月5日，经过三年研制，"长征二号"第一枚火箭试验发射，但是由于一根导线的断裂，造成飞行试验失败。

1975年11月26日，经过一年多的改进，采取一系列提高火箭可靠性的措施后，"长征二号"第二枚火箭成功发射了中国第一颗返回式卫星。

1976年12月7日，"长征二号"再次成功发射返回式卫星，1978年1月26日，"长征二号"第三次成功发射返回式卫星。随后，研制单位根据发射卫星的需要，又对"长征二号"做了适应性技术状态的修改，使火箭的技术性能和运载能力由1800千克提高到2400千克，改进型命名为"长征二号丙"。1982年9月9日至1985年10月21日，"长征二号丙"连续成功发

* "长征二号丙"发射。图片来源：中国运载火箭技术研究院

射了4颗返回式卫星。现役的"长征二号丙"是"长征二号"的改进型，采用了大推力液体火箭发动机，箭长增加，低轨运载能力增加到4.1吨，可靠性也大大提高，是此后不少"长征"子系列火箭发展的基础，主要用于发射近地轨道卫星，成功率很高，被授予"质量金质奖"。

现役的"长征二号丁"在"长征二号"的基础上采取增加推进剂加注量的方法增大起飞推力，低轨运载能力为3.7吨。

"长征二号E"即长征二号捆绑式运载火箭，是在加长的"长征二号丙"（CZ-2C）火箭一级外部捆绑四枚液体助推器

* "长征二号E"发射。图片来源：中国运载火箭技术研究院

的运载火箭,主要用于发射近地轨道(LEO)有效载荷,配以合适的上面级,可进行中高低轨道、地球同步转移轨道等卫星的发射。"长征二号E"是我国第一种串并联式火箭,其芯级是"长征二号丙"的又一改进型,并在第一级捆绑了4个助推器,使低轨运载能力达到9.2吨。

"长征二号F"是我国第一种且是目前唯一一种载人运载火箭,发射载人飞船状态时的低轨运载能力为8.1吨,发射空间实验室状态时的低轨运载能力为8.6吨。1999年11月20日首射成功。它是在"长征二号E"基础上广泛采用了冗余设计,以保证航天员的安全。其外形上有一个与众不同之处,就是顶部装有一个类似避雷针的逃逸塔,它可使火箭的安全系数达到99.7%。为保证航天员的安全,"长征二号F"取消了自毁功能。为保证火箭飞行稳定性、赢得逃逸时间和提高逃逸成功率,火箭增加了尾翼。它还采用了垂直总装、垂直测试、垂直运输方式,大大节省了发射准备时间。2003年成功将航天员杨利伟送入太空,使中国成为世界上第三个能自主发展载人航天技术的国家。之后,为适应载人航天二期工程发射目标飞行器、空间实验室的要求,对"长征二号F"火箭进行改进,形成"长征二号F改"运载火箭,发射成功率达到100%。2021年6月17日,搭载"神舟十二号"载人飞船的"长征二号F"遥十二运载火箭,顺利将聂海胜、刘伯明、汤洪波3名航天员送入太空,发射取得圆满成功。2021年10月16日,搭载"神舟十三号"载人飞船的"长征二号F"遥十三运载火箭,顺利将翟志刚、王亚平、叶光富3名航天员送入太空。

在中国载人航天的历史上,"长征二号F"系列火箭共发射了8艘载人飞船、5艘无人飞船和2个空间实验室，被誉为中国"神箭"。

表3-2-1　"长征二号"衍生型号

衍生型号	概况
长征二号丙	长征二号丙（CZ-2C）是一种两级常规液体运载火箭，主要用于发射低轨和太阳同步轨道卫星。火箭全长43.72米，箭体与整流罩直径均为3.35米，起飞质量245吨，近地轨道运载能力为4.1吨
长征二号丙改	长征二号丙改有三个型号：CZ-2C/SD、CZ-2C/SM和CZ-2C/SMA，是在长征二号丙（CZ-2C）火箭的基础上增加了新研制的三轴稳定固体上面级和双星适配器，主要用于太阳同步轨道卫星的发射。700千米太阳同步轨道运载能力达到2.1吨
长征二号丁	长征二号丁（CZ-2D）是二级常规液体推进剂运载火箭，是在长征四号甲（CZ-4A）的基础上减少常规液体三子级，并进行适应性改进形成的火箭，主要用于发射近地轨道卫星
长征二号E	长征二号E（CZ-2E）即长征二号捆绑式运载火箭，简称：长二捆，是在加长的长征二号丙（CZ-2C）火箭一级外部捆绑四枚液体助推器的运载火箭，主要用于发射近地轨道有效载荷。配以合适长征的上面级，可进行中高低轨道、地球同步转移轨道等卫星的发射，该火箭已退役
长征二号F	长征二号F（CZ-2F）是在长征二号捆（CZ-2E）火箭的基础上，以提高可靠性、确保安全性为目标研制的运载火箭，可靠性超过97%，主要用于发射神舟飞船和大型目标飞行器到近地轨道。长征二号F火箭有发射飞船和发射目标飞行器两种状态，分别称为Y系列和T系列

＜拓展阅读＞

3·22航天质量日的由来

1992年3月22日。这一天，让中国航天人刻骨铭心。晚上6点40分，"长征二号"捆绑式运载火箭首次发射澳大利亚B1卫星，火箭按程序点火后4.5秒自动紧急关机，发射中止。此次失败是因火箭点火程序配电器上的一块

0.15毫克的铝制多余物。那一场景，通过实况转播传入了千家万户。

这次失利成为航天人心中永远的痛，为了铭记教训，原航天工业总公司党组根据当时的航天质量形势，决定把每年的3月22日定为"航天质量日"。

三、逐梦苍穹："长征"系列火箭的成熟

（一）"长征三号"——实现多级并轨的劳模火箭

"长征三号"（CZ-3）是在"长征二号丙"的基础上，加装了以液氧/液氢为推进剂的低温上面级，地球同步转移轨道运载能力1.6吨，使我国成为世界上第三个掌握低温高能推进技术和第二个掌握低温发动机高空二次点火技术的国家。该火箭于1984年4月8日首次发射成功；1990年4月7日又成功发射了亚洲一号卫星，实现了我国火箭国际商业发射服务零的突破。"长征三号"运载火箭的研制成功使中国成为世界上第四个具有地球同步卫星发射能力的国家。该火箭现已退役。

1994年2月8日，"长征三号甲"火箭首射成功。它是在"长征三号"的基础上采用了改进过的第三级低温发动机。它曾多次发射采用东方红三号卫星平台的人造地球卫星，包括嫦娥一号月球探测器等。

"长征三号乙"是在"长征三号甲"的第一级捆绑了4个助推器，而且第二级加长，增加了20吨，使地球同步转移轨道运载能力提高到5.5吨，1997年首射成功，是目前我国发射高轨道航天器的主力火箭。

　　"长征三号丙"是在"长征三号乙"运载火箭的基础上改进的，减少两个助推器并取消助推器上的尾翼，其主要任务是发射地球同步转移轨道的有效载荷，可以进行一箭多星发射或发射其他轨道的卫星。其地球同步转移轨道运载能力为3.8吨，介于"长征三号甲"（2.6吨）和"长征三号乙"（5.5吨）之间，于2008年开始使用。

＊"长征三号丙"试验场景。图片来源：中国运载火箭技术研究院

　　2019年11月5日，"长征三号乙"运载火箭将"北斗三号"卫星送入预定轨道。此次发射是"长征三号甲"系列运载火箭的第106次发射。这是继2018年14次成功发射后，"长征三号甲"系列火箭又一次年度发射次数超过10次，因此"长征三号甲"系列火箭是中国各类火箭型号里最忙碌的"劳模火箭"。但

"劳模火箭"的发展之路并非一帆风顺，其发展历程以及其系列型号"长征三号甲""长征三号丙"，也经历了千锤百炼，才书写了卓尔不凡的光荣历史。

1.多经风雨志弥坚

1986年世界航天史上接连失利，为长征火箭迈入国际商业发射市场创造了良好机遇。在国际市场需求的牵引下，中国以"长征三号甲"火箭为基础，"上改下捆"研制了"长征三号乙"火箭，标准地球同步转移轨道发射能力达到5.1吨（目前运载能力可达5.5吨）。虽然在1996年2月15日首飞发射国际708卫星失败，但完成全面的质量整顿和彻底归零后，"长征三号乙"火箭圆满完成了以马部海通信卫星、亚太二号R通信卫星、中卫一号通信卫星、鑫诺一号通信卫星为代表的多项国外商业卫星发射，真正走出国门，在国际商业发射市场中占据了一席之地。

随后我国采用了星箭联合、在轨交付、天地一体化等新型模式，完成包括老挝一号星、尼日利亚星、委内瑞拉星、玻利维亚星、巴基斯坦星、阿尔及利亚星、白俄罗斯星在内的多颗整星出口项目，开辟了国际商业发射服务的一条新途径。

"长征三号乙"火箭及其各种改进构型是"长征三号甲"系列火箭的主力火箭，主要发射高轨通信卫星、商业通信卫星、"北斗二号"的中高地球轨道卫星、"北斗三号"卫星和"风云四号"气象卫星等。2013年12月2日，"长征三号乙"火箭将"嫦娥三号"探测器送入太空，为探测器月面软着陆、开展月面就位探测与自动巡视探测奠定了坚实基础。2018年12月8日，"长征三号乙"火箭将嫦娥四号探测器送入太空，实现了人类首次月背软着陆。

2.卓尔不凡写新篇

"长征三号丙"火箭在继承了"长征三号甲"火箭和"长征三号乙"火箭的成熟技术和成熟产品基础上，进行了大胆的创新。"长征三号丙"火箭是我国首枚非轴对称构型运载火箭。为了满足不同发射市场的需求，"长征三号丙"火箭在研制之初，其发射能力即定位为介于"长征三号甲"和"长征三号乙"火箭之间，为了实现这一目的，采取了在"长征三号丙"火箭芯一级Ⅱ、Ⅳ象限上捆绑两个助推器的设计。在此之前，我国的火箭不是没有助推器，就是带有对称的四个助推器，"长征三号丙"运载火箭采用两个助推器，这在我国是首创。伴随这一革新，总体设计人员面临的是一系列技术上的变化和前所未有的挑战，总体原始参数要变、气动特性要重新确认、发射弹道、姿控总体、载荷设计、环境条件等一系列的因素都要重新衡量与考核。作为我国第一枚结构外形非全对称的大型运载火箭，"长征三号丙"运载火箭面临最大的考验是飞行过程中的平衡问题。为了解决这一难题，设计师们根据多年研制经验，反复分析研究，多次探讨和试验，对一级尾段进行了重新设计，实现了捆绑两枚助推器，并安装两枚尾翼的设计，从而增大了火箭的安全余量。与此同时，在专家们刻苦攻关、呕心沥血、不懈努力下，由火箭构型变化带来的一系问题也逐渐迎刃而解，并在非轴对称运载火箭研制方面取得了8项技术突破。

2008年4月25日，承载着研制人员的殷殷期盼和祝福，"长征三号丙"火箭昂首飞向浩瀚太空，把"天链一号"卫星送入预定轨道，首飞成功。作为"长征三号甲"系列火箭中的重要一员，"长征三号丙"火箭的研制成功标志着"长征三号甲"

系列火箭终于形成了一个完整的系列，构成了我国高轨道运载能力最大、适应性最强的火箭群体。"长征三号丙"火箭的研制成功也使我国高轨道运载能力的分布梯度更加合理，提高了长征系列运载火箭在国际卫星发射服务市场的竞争力，为我国航天事业的进一步发展创造了更好的条件。"长征三号丙"火箭的研制成功为我国非轴对称构型运载火箭的发展奠定了技术基础，摸索出了一套行之有效的设计方法，开辟了一条新的发展之路。

（二）"长征四号"——大个头剑指太阳系

在极轨系列火箭方面，我国研制、发射了"长征四号"子系列火箭。它们都是三级常温运载火箭，主要用于在太原卫星发射中心发射各种极轨道卫星。其中的"长征四号甲"的极轨卫星运载能力为1.5吨；在其基础上发展的"长征四号乙"的极轨卫星运载能力为1.9吨；"长征四号丙"是从"长征四号乙"改进而来的，极轨卫星运载能力为2.8吨，且第三级火箭发动机具有二次启动能力。"长征四号"子系列已发射多颗陆地卫星、气象卫星和海洋卫星等极轨道遥感卫星。

"长征四号"系列运载火箭包括"长征四号""长征四号甲""长征四号乙""长征四号丙"四种。"长征四号"系列运载火箭是三级火箭，一、二、三级均采用常规推进剂，主要用于发射太阳同步轨道的对地观测应用卫星。火箭主要作了下列改进：加大了整流罩尺寸；调整了三子级仪器舱的高度，以适应卫星对对接尺寸的需要；控制系统用的程式配电器改用电子式，提高了发送程式指令的时间精度；控制、遥测、跟踪测量、安全自毁系统的仪器以及电缆网均实施小型化与轻量化，以减小其质量，提高运载能力；二子级增加推进剂利用系统，提高了运载能力，同时发动机则采用高空喷管方案，提高了真空比冲；三子级设置了剩余推进剂排放系统。

1988年9月7日，"长征四号甲"运载火箭在太原卫星发射中心首飞成功，将中国第一颗气象卫星——"风云一号A"星送入预定轨道，使中国成为世界上第三个能够独立发射太阳同步轨道卫星的国家。时隔32年，"长征四号"火箭家族又出发了。2020年9月7日，"长征四号乙"运载火箭在太原卫星发射中心成功发射，将"高分十一号02"星送入预定轨道。

| 知识链接 |

"长征四号甲"运载火箭（CZ-4A）是我国发射第一颗气象卫星的运载火箭。火箭全长41.901米，芯级最大直径3.35米，起飞质量248.9吨，起飞推力约300吨。太阳同步轨道运载能力1500千克，该火箭已退役。

"长征四号乙"运载火箭（CZ-4B）是在"长征四号甲"基础上研制的一种运载能力更大的三级液体运载火箭。火箭全长45.576米，芯级最大直径3.35米，太阳同步轨道运载能力为1900千克。

"长征四号丙"运载火箭（CZ-4C）是常温液体推进剂三级运载火箭，是在"长征四号乙"（CZ-4B）基础上，增加了三子级二次启动能力，火箭全长48米，芯级最大直径3.35米，太阳同步轨道运载能力2.8吨。

1988年"长征四号甲"运载火箭首飞成功之后，航天人在此基础上不断发展和改进火箭技术，研制出"长征四号乙""长征四号丙"等运载火箭。2020年9月7日的这次发射是"长征四号"系列运载火箭的第68次发射。

"长征四号"运载火箭有着较广泛的用途，适用于发射太阳同步轨道和极地轨道的有效载荷，也可以承担地球同步转移轨道有效载荷的发射任务，在中国各个发射中心均可发射。"长征四号"运载火箭还具有发射一箭多星的技术装置，用一枚运载火箭发射多颗卫星。

* "长征四号乙"火箭。图片来源：我们的太空新媒体中心

四、新一代系列火箭的创新

为了适应运载火箭的发展方向，近年来我国按照"无毒、无污染、低成本、高可靠、大推力、适应性强、安全性好"的

目标，从2015年开始陆续研制并发射了"长征五号""长征六号""长征七号""长征八号"及"长征十一号"等新一代大型、中型、小型和微小型运载火箭。

（一）新一代"长征"系列火箭

1."长征五号"

"长征五号"运载火箭于2006年正式立项研制。2016年11月3日，"长征五号"运载火箭在文昌航天发射场首次成功发射，将"实践十七号"卫星送入预定轨道。中国最大推力新一代运载火箭"长征五号"研制成功，标志着中国运载火箭实现升级换代，是由航天大国迈向航天强国的关键一步，使中国运载火箭低轨和高轨的运载能力均跃升至世界第二。

"长征五号"是中国实现载人空间站工程、探月三期工程等重大航天工程项目的关键支柱和发展基石，同时也支撑中国未来深空探测工程的发展。"长征五号"的试验件规模之大、模态数量之多、模态密集程度和模态耦合程度之高、数据处理难度之大，以及激振通道、陀螺通道、脉动压力通道、推进剂加注量均创下历史最高纪录。

2020年11月24日凌晨4点30分，"长征五号遥五"运载火箭在中国文昌航天发射场点火升空，将运送"嫦娥五号"探测器至地月转移轨道。火箭在飞行了大约2200秒后，顺利将探测器送入预定轨道，开启我国首次地外天体（月球）采样返回之旅。

"嫦娥五号"探测器总重量达到了8.2吨，是"东方红一号"卫星的47倍多，而且要发射到月球，就需要更强大的推力，所以就需要请出长征系列火箭家族中的大力士"长征五号"来执行。"长征五号"火箭是一种大型低温液体捆绑式运载火箭，是一枚捆绑四个助推器的两级半构型火箭。

"长征五号"火箭被称为大火箭，为什么要这么说呢？"长征五号"火箭的"大"，首先体现在体积重量大，火箭芯级直径5米，助推器直径3.35米，都比现役"长征二号F"火箭多出大约一半。"长征五号"火箭高度为56.97米，仅次于使用了逃逸塔的"长征二号F"火箭。"长征五号"火箭的起飞质量879吨，比"长征二号F"火箭的498吨高出76%还多。从外形上，肥硕的"长征五号"就要比瘦削的"长征二号F"和"长征三号B"火箭大得多，"长征五号"也由此收获了航天爱好者的爱称——"胖五"。

"长征五号"火箭作为我国十年磨一剑的产物，绝非徒有其表，它使用了高效的推进剂组合和高性能的火箭发动机，让"长征五号"火箭的运载能力大有提高，大火箭的"大"字，还体现在运载能力大。"长征五号"火箭的地球同步转移轨道运力约为14吨，"长征五号B"火箭的近地轨道运载能力约为25吨，是当之无愧的大型运载火箭，这两个指标不仅比我国上一代运载火箭的纪录保持者"长征三号B"和"长征二号F"运载火箭都提高了两倍多，对比国际大型运载火箭也是相当出色的。"长征五号"系列火箭的运载能力高于俄罗斯质子号火箭和安加拉火箭，也优于欧空局的阿里安5系列火箭，对比美国的"宇宙神5"火箭和日本的"H-IIB"火箭更是有过之无不及。11月初"长征五号"火箭发射成功后，它的运载能力将仅次于美国现役的重型"德尔塔4"火箭和"猎鹰"重型运载火箭。实际使用中"长征五号"火箭还将根据实际需要搭载"远征二号"上面级，具有更灵活的发射能力，"长征五号"火箭是我国将来进行深空探测任务的主力火箭型号。

那么为什么要研制"长征五号"大火箭呢？冷战结束前后，欧美日等发达国家竞相研制新一代运载火箭，如美国的宇宙神4和德尔塔4，欧洲的阿里安5和日本的H–II系列火箭，即使是欧美的老一辈运载火箭也和弹道导弹项目有着千丝万缕的联系。而新一代运载火箭立足军民用航天发射，不仅运载能力有了很大的提高，还应用了更先进的技术和设计，具有更高的可靠性、安全性和环保性能。

其实在20世纪80年代，我国第一代运载火箭逐渐完成发展的同时，中国航天也在酝酿新一代运载火箭的论证和研制，"863"计划中就专门提到要研制新一代运载火箭。从1986年开始，中国航天进行了长时间的论证，进行了关键技术的预先研究，完成了新一代火箭总体方案的初步论证。早期完成关键技术突破后，2000年和2001年120吨级液氧煤油发动机和50吨级液氧液氢发动机正式立项，进入工程研制阶段，并陆续开始热试车点火。各项分系统的研制步入正轨后，2006年新一代运载火箭中的顶梁柱，也就是被我们称为大火箭的"长征五号"运载火箭正式立项，此时距离新一代运载火箭开始论证已经过去了20年。

此后，在"长征五号"火箭研制过程中，先后完成了120吨级YF–100液氧煤油发动机和50吨级YF-77液氧液氢发动机的定型，以及5米大直径液氧和液氢储箱的试验，又分别通过了5米液氧液氢芯级和第二级的动力系统全程热试车试验。大火箭还进行了助推器分离试验和整流罩分离试验，并在新建的亚洲最大的振动塔上完成了大火箭的全箭振动特性试验，循序渐进地为火箭的首飞铺平了道路。"长征五号"火箭助推器使用的YF-100型120吨级液氧煤油发动机也是新一代火箭"长征六号"和"长征七号"的主发动机，直到"长征六号"火箭和"长征七号"火箭先后首飞成功，YF-100液氧煤油发动机通过实际飞行试验的考验，也为"长征五号"火箭的首飞成功奠定了坚实的基础。

"长征五号B"运载火箭继承"长征五号"运载火箭研制基础，满足空间站工程任务要求。作为我国首个一级半构型火箭，"长征五号B"运载火箭突破了多项关键技术，于2020年5月5日成功首飞，将新一代载人飞船试验船及柔性充气式货物返回舱试验舱的组合体准确送入预定轨道，标志着我国运载火箭近地轨道运载能力跻身国际前列，为我国空间站工程任务的顺利实施奠定了坚实基础。为满足空间站舱段发射任务要求，"长征五号B"运载火箭突破了20.5米长整流罩分离技术、大直径舱箭连接分离技术、大推力直接入轨精度控制和分离安全控制技术等重大关键技术。突破了考虑弹性及气动影响下的大型整流罩分离仿真预示技术，解决了大型整流罩分离的安全性；突破了大型低温动力系统的循环预冷技术、零秒脱落气液连接器技术等，提升了零窗口发射适应能力；突破了大直径舱箭连接解锁装置的降冲击技术，解决了大直径舱箭安全可靠连接及分离技术；突破了大推力直接入轨末级箭体的安全钝化技术，解决了舱箭分离安全性的难题。

2020年7月23日12时41分，我国在海南岛东北海岸中国文昌航天发射场，用"长征五号遥四"运载火箭将我国首次火星探测任务"天问一号"探测器发射升空，飞行2000多秒后，成功将探测器送入预定轨道，开启火星探测之旅，迈出了我国自主开展行星探测的第一步。

2."长征六号"

此前为"胖五"研制提供技术重要支撑的"长征六号"和"长征七号"是新一代运载火箭系列中规划的小型、中型运载火箭。

2015年9月20日，我国新一代运载火箭"长征六号"成功首飞，这也是我国新一代运载火箭的第一次飞行试验。此次"长征六号"火箭承担20颗卫星的发射任务，不仅创造了我国一箭多星的发射新纪录，同时"一箭20星"的发射数量也创下了亚洲之最。"长征六号"是我国研制的新一代无毒、无污染的小型运载火箭，为三级火箭，起飞质量103吨，具备700千米高度太阳同步轨道500千克的运载能力。该火箭具有成本低、高可靠、适应性强、安全性好等特点，有许多新技术是在中国国内首次应用，研制难度很大。英国广播公司援引《解放日报》的报道称，"长征六号"发射提高了中国的"空间进入能力"，并且"缩小了与世界先进国家差距"，对中国运载火箭"后续发展具有里程碑意义"。

3."长征七号"

"长征七号"是中国载人航天工程为发射货运飞船而全新研制的新一代中型运载火箭。"长征七号"运载火箭于2016年6月25日从文昌航天发射场首次成功发射，这也是文昌航天发射场的首次发射任务。

（1）我国第一型"数字火箭"

采用全数字化手段研制。它采用二级半构型，主要用于发射近地轨道或太阳同步轨道有效载荷，可以把13.5吨的有效载荷送入近地点200千米、远地点400千米、倾角42°的近地轨道，或将5.5吨的有效载荷送入700千米的太阳同步轨道。它是利用"长征二号F"火箭成熟技术，在大体不变情况下换成新研制的液氧/煤油发动机。

在设计阶段，火箭图纸从纸质"连环画"变成了"3D电影"；在火箭制造中，实现了"一键式"加工，大幅提高了加工质量和效率；在试验、装配阶段，应用了"虚拟现实技术"，提前预见可能发生的问题，确保火箭试验、装配"一次成"。"长征七号"火箭代表了我国近60年运载火箭研制领域的最高水平，其首飞的成功标志着我国新一代运载火箭在数字化设计能力上已跻身国际先进行列。

（2）特点

"长征七号"火箭使用的是液氧煤油推进剂，无毒、无污染，清洁环保。而且，相比使用常规推进剂的发动机，液氧煤油发动机比冲提高20%，推力提高60%，其推进剂平均成本仅为常规推进剂的1/10。它还有防水、防风、防盐雾等功能，可以在8级大风的情况下进行垂直转运，抗风能力为目前"长征"家族之最，中雨时也能发射。

2015年6月25日，"长征七号"运载火箭首飞，搭载了"远征一号A"上面级。其在轨飞行时间从"远征一号"的6.5小时延长至48小时，主发动机由2次启动增加至20次启动，分离次数由1次增加至7次。所以，它可把更多的"乘客"送到不同的地点，变轨能力大大增强，拓展了摆渡车的服务功能，通过多次点火工作，适应更多复杂的路线。

（3）重要意义

"长征七号"火箭的首飞成功，使我国中型运载火箭近地轨道的运载能力由8.6吨提高至13.5吨，达到国外同类火箭先进水平。而且此次是按照载人火箭的标准设计的，控制系统和增压系统实现了冗余，可靠性设计指标达0.98，达到国际先进水平。其中，火箭控制系统创新采用了143项智能控制软件，是现役火箭软件使用量的30倍以上，大大提高了控制精确度。"长征七号"火箭成熟后将成为我国新一代载人火箭，用于发射新一代载人飞船。

4. "长征八号"

2020年12月22日12时37分，"长征八号"首次飞行试验，在中国文昌航天发射场取得圆满成功。

"长征八号"运载火箭采用模块化、系列化、组合化的设计思路，一子级状态与"长征七号"火箭芯一级基本一致，二子级状态与"长征三号甲"系列火箭三级基本一致，以最小代价、最短时间完成型号的集成研制。

"长征八号"运载火箭主要聚焦于未来太阳同步轨道的高密度发射任务需求，700千米太阳同步轨道运载能力可达到4.5吨，同时还兼顾近地轨道和地球同步转移轨道发射需求，能为我国后续卫星组网工程建设提供有力支撑，并具备提供商业发射服务的能力。

"长征八号"运载火箭首飞成功，进一步完善了我国运载火箭型谱，提升了我国火箭太阳同步轨道运载能力，为顺利开启

"十四五"期间各项航天发射任务奠定坚实基础，为航天强国建设增添新动能。

5. "长征十一号"

2015年9月25日，我国自主研制的首枚固体运载火箭"长征十一号"在酒泉卫星发射中心成功首飞。"长征十一号"火箭采用固体发动机和固体燃料，搭载了4颗卫星，首次实现固体运载火箭一箭多星发射。与现役以液体推进剂为动力的长征系列火箭相比，它的发射准备时间由"月"缩短为"小时"，将大大提升我国快速进入空间的能力。

"长征十一号"是长征系列运载火箭中唯一一型固体运载火箭，可在海上和陆地的不同发射场实施发射。火箭全长近21米，重58吨，起飞推力120吨，兼容2米和1.6米两款整流罩，可将500千克的有效载荷送入500千米的太阳同步轨道。它主要用于满足自然灾害、突发事件等应急情况下微小卫星发射需求。发射准备短，可满足不同任务载荷、不同轨道的多样化发射需求，是中国微小卫星强有力的"大腿"。在新一代运载火箭家族中，"长征十一号"火箭有"快响利箭"的美称。科技人员在不断总结发射经验的基础上，不断革新，使"快箭"越来越快。

| 知识链接 |

我国卫星发射场

我国一共有4个发射场；分别是酒泉发射场、太原发射场、西昌发射场以及文昌发射场。

酒泉发射场

1. 优势：这里位于戈壁沙滩，人烟稀少，200千米以内基本为无人区，安全性好；地势开阔，是天地往返运输系统理想的回收着陆场所；距海岸线远，可以充分利用已基本形成的路上航天测控网；气候干燥少雨，雷电日少，一年四季多晴天，容易满足发射条件，可为航天发射提供良好的自然环境条件，每年约有300天可以进行发射试验。

2.主要任务：是我国目前唯一载人航天发射场，是世界三大载人航天发射基地之一。酒泉发射场主要承担返回式卫星的发射、载人航天工程和航天员应急救生等任务。未来，酒泉发射场还将继续承担神舟飞船的发射任务，将更多航天员送往太空，探索宇宙的奥秘。

太原发射场

1.优势：群山环抱、地势高峻，安全性高。特殊的经纬度使这里成为我国近地、极地轨道卫星发射的理想场所。

2.主要任务：这里通常发射气象、资源等太阳同步轨道卫星。

西昌发射场

1.优势：这里属于亚热带气候，纬度低，海拔高，地空距离低，发射角度好；峡谷地形，年平均气温18摄氏度，日照达320天，发射窗口长，每年10月至次年5月是最佳发射季节。

2.主要任务：从西昌发射场起飞，可充分利用地球自转，消耗较少的燃料就能到达预定轨道。这里主要承担地球同步轨道卫星，导航、通信、广播、气象卫星等试验发射和应用发射任务。

文昌发射场

1.优势：纬度低、发射效费比高，同等条件下能够使地球同步轨道运载能力提升15%以上；射向宽、安全性好，火箭射向1000千米范围内均为海域，残骸落区均在海上；海运便捷、可行性强，能够解决铁路、公路和空运均无法运输大尺寸火箭的难题；无毒无污染、绿色环抱，是我国首个全面采用液氢、液氧、航空煤油等新型推进剂的发射场。

2.主要任务：空间站各舱段以及天舟货运飞船将从文昌发射场起飞，出征太空，翱翔宇宙。

（二）"快舟"系列运载火箭

快舟系列运载火箭采用了国际首创的星箭一体化技术，采用栅格舵控制技术，是中国首个具有快速集成、快速入轨能力的小型固体运载火箭，创造了中国航天发射的最快纪录，使中国航天发射运载工具由液体运载火箭拓展到固体运载火箭，初步形成了中国亟需的空间快速响应能力。快舟系列运载火箭，是世界首个星箭一体小型运载火箭。

为什么取名为"快舟"呢？因为早在1999年，美国空军最早提出"太空快速响应"概念，主要用于军事应急，当发生区域战争时，快速装配出一颗卫星，同时，配套的快速运载火箭能够应急地将其发射升空，保证从提出作战需求到航天器部署完毕，只需要几天或几周时间，火箭取名"快舟"，希望可以"快人一步，成为梦想之舟"。

从概念的提出至今，美国在该领域已取得了许多进展，包括利用已有的退役或现役洲际导弹改装成为快速发射系统，如美国的米诺陶运载火箭。

美国《新闻周刊》曾描述这种卫星说，这是只有洗碗机那么大的卫星，在几天甚至几个小时之内就可以由建造好的零件组装起来，具有"与笔记本类似的即插即用技术"。

目前的大型卫星多由军队高层使用，用于满足战略需求，与此相比，快速应急卫星更能满足战术需求。在战场上，连排一级都可以直接使用，甚至有可能出现单兵手持相关终端设备直接使用的场景。专家介绍说，目前世界上只有美国掌握这一技术，且已经趋向成熟——试验型卫星发射完成，已经拥有业务型卫星。英国和法国研制的小卫星项目也有类似意图。

俄罗斯将自己退役或即将销毁的多款洲际导弹，如SS-18、SS-19等，改装成为运载火箭，并使其具备从地下发射并直接发射的能力。除了能在国际商业卫星发射市场占据一席之地外，其本身就是太空快速发射系统的一部分。日本新型固体运载火箭"艾普斯龙"于2013年9月14日成功发射，这对于日本来讲就是其太空快速发射系统的重要组成部分。只需要一周时间，发射成本不到3000万美元，就能完成一次发射工作，并将不同用途的小卫星送到太空实施潜在军事任务。

基于以上研发背景，中国快速跟进，目前已经完成了"快舟一号""快舟二号""快舟一号甲"等小型运载火箭的研制。

1."快舟一号"

"快舟一号"卫星主要用于各类灾害应急监测和抢险救灾信息支持。这是军工技术服务美丽中国建设、深化生态文明体制改革的重要举措。

2013年9月25日，中国首次采用快舟固体小型运载火箭，以一车一箭车载机动发射方式，成功将"快舟一号"卫星发射升空。当"快舟一号"在酒泉卫星发射中心发射成功，当时有媒体评论说，此举标志着中国抢在美国之前，成为首个完整发射星箭（卫星和火箭）一体化快速应急空间飞行器试验的国家，具有重要的战略意义。

2."快舟二号"

2014年11月21日，中国在酒泉卫星发射中心用快舟小型运载火箭成功将"快舟二号"卫星发射升空，卫星顺利进入预定轨道。

"快舟二号"火箭采用了国际首创的星箭一体化技术，可实现快速集成、快速测试、快速发射；在国内首次采用栅格舵控制技术，是中国首个具有快速集成、快速入轨能力的小型固体运载火箭，创造了中国航天发射的最快纪录，使中国航天发射运载工具由液体运载火箭拓展到固体运载火箭。

"快舟二号"火箭是国家"863"计划相应工程的收官之战，关系着科研攻关、技术创新能否顺利转向工程化。"快舟"圆了快速发射卫星之梦，也培养出了撑起国家天空的新力量——中国第一支空间快速响应装备研制队伍。

3."快舟一号甲"

"快舟一号甲"运载火箭采用国际通用接口，主要为低轨小卫星提供发射服务，是在"快舟一号"运载火箭基础上适应性改进的一型低成本、高可靠性的通用型固体运载火箭，可为300千克级及以下低轨小卫星提供发射服务，具有发射成本低、准备周期短、保障条件少和快速集成、快速入轨等特点。

截至目前，"快舟一号甲"固体运载火箭已成功完成12次发射任务，创造了同一发射工位、同一型号发射火箭时间间隔最短记录纪录。

*"快舟一号甲"首飞。图片来源：中国航天科工集团有限公司

2017年1月9日12时11分，中国在酒泉卫星发射中心用"快舟一号甲"小型运载火箭，成功发射"吉林一号"灵巧视频03星（吉林林业一号），同时搭载"云试验一号""凯盾一号"两颗立方体星。此次任务采用纯商业发射合同组织形式，完全按市场行为运作，是快舟火箭的"商业第一单"，也是中国航天科工集团公司商业航天首发，标志着我国在商业航天领域迈出新步伐。

2019年11月13日11时40分，命名为"快舟·我们的太空号"的"快舟一号甲遥十一"运载火箭，在我国酒泉卫星发射中心成功将"吉林一号"高分02A卫星发射升空,卫星顺利进入预定轨道,任务获得圆满成功。

2021年10月27日14时19分,命名为"快舟·新洲号"的"快舟一号甲"固体运载火箭,在酒泉卫星发射中心点火升空,以"一箭一星"方式,将"吉林一号"高分02F(航天星云·常熟一号)卫星送入预定轨道,发射任务取得圆满成功。自2017年1月9日首次执行商业发射任务以来,"快舟一号甲"火箭已成功完成12次发射履约,顺利将21颗卫星精确送入预定轨道。

"长征"及"快舟"等系列运载火箭从无到有、从一箭一星到一箭多星,成功完成以神舟飞天、嫦娥奔月、北斗组网、高分观测、对外商业发射等为代表的国家重点工程的发射任务,创造了"当惊世界殊"的骄人成就,有力支撑了我国从航天大国向航天强国迈进。为了满足未来航天的更多需求,我国还在研制"长征五号B""长征六号甲""长征七号甲""长征八号""长征九号"以及新一代载人运载火箭等更多的新型火箭。2025年前后,我国可重复使用的亚轨道运载器将研制成功,将使亚轨道太空旅游成为现实。同时,空射运载火箭将快速发射能力提升到小时级。2028年,以火箭发动机为动力的两级完全重复使用运载器将研制成功。2035年左右,运载火箭将实现完全重复使用,以智能化和先进动力为特点的未来一代运载火箭将实现首飞。2040年前后,未来一代运载火箭将投入应用,组合动力两级重复使用运载器将研制成功,核动力空间穿梭机将出现重大突破。"长征"永远在路上,征服太空的脚步永远在路上。

第 4 章

最是那一抹东方红

——追寻人造地球卫星

50年前，"东方红一号"卫星发射成功，我在陕北梁家河听到这一消息十分激动。当年，你们发愤图强、埋头苦干，创造了令全国各族人民自豪的非凡成就，彰显了中华民族自强不息的伟大精神。

——习近平给参与"东方红一号"任务的老科学家的回信（2020年4月23日）

1970年4月24日，中国独立自主研制的第一颗人造地球卫星——"东方红一号"卫星由"长征一号"运载火箭发射并成功进入地球轨道，中国成为世界第五个独立发射人造地球卫星的国家。

2020年4月23日，在第五个"中国航天日"和"东方红一号"卫星成功发射50周年到来之际，中共中央总书记、国家主席、中央军委主席习近平给参与"东方红一号"任务的老科学家回信指出，新时代的航天工作者要以老一代航天人为榜样，大力弘扬"两弹一星"精神，敢于战胜一切艰难险阻，勇于攀登航天科技高峰，让中国人探索太空的脚步迈得更稳更远，早日实现建设航天强国的伟大梦想。

一、向太空进军的序幕

（一）何为人造地球卫星

人造地球卫星是指环绕地球飞行并在空间轨道运行一圈以上的无人航天器，简称"人造卫星[1]"。人造地球卫星是发射数量最多、用途最广、发展最快的航天器。人造地球卫星依靠运载火箭的推力，达到大气层外空间，并获得第一宇宙速度，在地球引力牵引下，靠惯性绕地球飞行[2]。

1.《人造卫星》，谢石著，《国外导弹与宇航》1980年第7期。
2.《为什么人造地球卫星的轨道有各种形状？》，东方星著，《国际太空》2014年第9期。

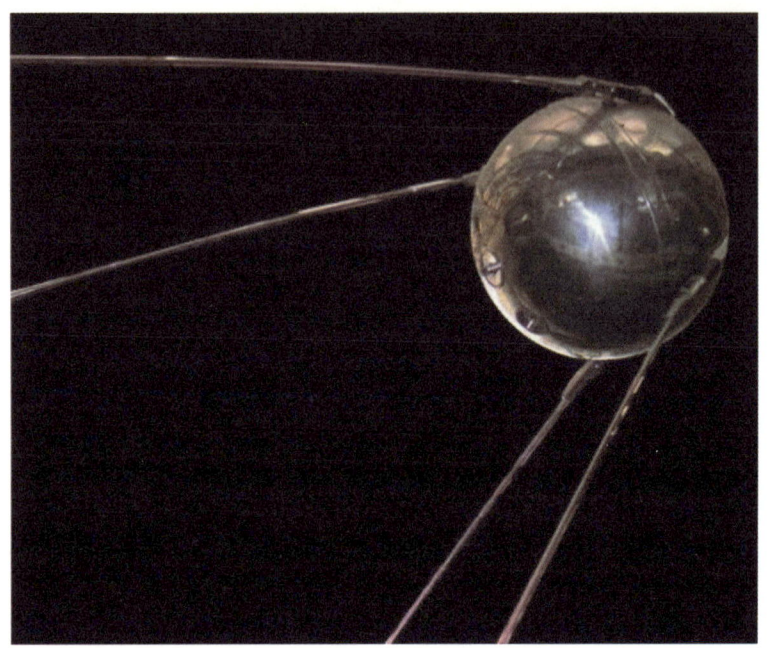

* 世界上第一颗人造地球卫星。图片来源：国家国防科技工业局新闻宣传中心

　　人造地球卫星的设想早在1945年就在美国出现，现代科学技术的进步和一系列大功率运载火箭的发展，为人造地球卫星的研制和发射打下了坚实的基础。1957年10月4日，"人造地球卫星－1"（"Sputnik－1"，又称"斯普特尼克－1"）在拜科努尔发射场成功发射，它是苏联研制的第一颗人造地球卫星，也是世界第一颗人造地球卫星，其成功发射开启了人类航天的新纪元[1]。

——————————————

1.《世界第一颗人造地球卫星成功发射60周年》，齐真著，《国际太空》2017年第9期。

（二）人造地球卫星的构造

人造地球卫星一般由专用系统和保障系统组成。

专用系统是指与卫星所执行的任务直接有关的系统，也称为有效载荷。应用卫星的专用系统按卫星的各种用途包括：通信转发器、遥感器、导航设备等。科学卫星的专用系统则是各种空间物理探测、天文探测等仪器。技术试验卫星的专用系统则是各种新原理、新技术、新方案、新仪器设备和新材料的试验设备。

保障系统是指保障卫星和专用系统正常工作的系统，也称为服务系统。主要有结构系统、电源系统、热控制系统、姿态控制和轨道控制系统、无线电测控系统等。对于返回卫星，则还有返回着陆系统。

（三）人造地球卫星的分类

人造地球卫星种类繁多，分类方法各异，按照轨道高度可分为低轨道卫星、中轨道卫星和高轨道卫星；按轨道类型分为太阳同步轨道卫星、地球同步轨道卫星、大椭圆轨道卫星、极轨道卫星和回归轨道卫星等；按是否返回地球可分为返回式卫星和非返回式卫星；按质量可分为大卫星和小卫星；按任务性质可分为应用卫星、科学卫星和技术试验卫星。

应用卫星是直接为人类服务的卫星，它的种类最多、数量最大，可进一步分为通信广播卫星、导航定位卫星、对地观测（遥感）卫星等。

通信卫星是用于中继无线电通信信息的人造卫星，通过转发无线电信号，实现异地地球站间或地球站与航天器之间的通信。通信卫星一般采用地球静止轨道，一颗静止轨道通信卫星大约能够覆盖地球表面40%面积，在覆盖区域内的任何地面、海上和空中的地球站能同时实现相互通信，数颗同步通信卫星和地球站即可组成全球卫星通信系统。

导航卫星是通过发射无线电信号为用户提供导航定位和授时服务的人造卫星。导航定位卫星直接向地面、海洋、空中和空间用户提供精确的位置、速度和时间等导航定位信息，一般由多颗卫星组成导航卫星网，实现全球和近地空间的立体覆盖，可对地面、海上、飞机、导弹、卫星、飞船等各种用户进行全天候、实时、高精度的三维定位测速和精确授时。

遥感卫星系列种类很多，如资源卫星、气象卫星、海洋卫星、环境与灾害监测卫星等。遥感卫星上装有各类遥感设备，如相机、辐射计、雷达等，用于收集来自陆地、海洋、大气层各种波长的电磁辐射信息，然后对获取信息进行分享，以识别物质的性质和状态。

资源卫星是用于勘测和研究地球资源的人造卫星，这类卫星利用星载遥感器获取地物目标的电磁波信号，并发回地面对信息进行处理和判读，可以得到各类资源的特征、分布和状态等资料。气象卫星是用于气象观测的人造卫星，携带各类气象遥感器，能够接收和测量地球及其大气层的可见光、红外和微波辐射，并发回地面进行处理和分析，就可获得气象资料。海洋卫星是专门用于观测和研究海洋的人造卫星，携带的海洋遥感器能够接收海洋辐射和发射的各种电磁波信息，分析后可获取反映海洋现象的各种重要信息。环境与灾害监测卫星可全天时、全气候对地观测，可迅速准确获取灾害和环境信息，及时、全面掌握自然灾害和环境污染的发生、发展和演变，为环保提供科学的决策依据，提高综合减灾和环境保护能力。

科学卫星是用于科学探测和研究的卫星，主要包括空间物理探测卫星和天文卫星，用来研究高层大气、地球辐射带、地球磁层、宇宙线、太阳辐射等，并可以观测其他星体。技术试验卫星是进行新技术试验或为应用卫星进行试验的卫星。航天技术中有很多新原理、新材料、新仪器，其能否使用，必须在天上进行试验；一种新卫星的性能如何，也只有把它发射到天上去实际"锻炼"，试验成功后才能应用；人上天之前必须先进行动物试验，这些都是技术试验卫星的使命[1]。

二、中国航天事业的新纪元

（一）从零起步，卫星发展奠定基础

我国卫星技术从零起步，走出了一条依靠自主创新实现跨越发展的中国特色之路。1958年5月17日，毛泽东主席在党的八大二次会议上宣布："我们也要搞人造卫星。"首颗人造卫星项目被国家列为1958年头号重点科研任务，代号"581"，钱学森受命担任"581"项目组组长。

在当时的国际形势下，中国想造卫星，只能自力更生。那时我国科研条件十分有限，白手起家的道路举步维艰，加上受各方因素影响，到1959年，研制工作暂停。1964年6月，"东风二号"近程导弹发射成功，中远程导弹也在研制过程中，标志着我国已经具备了在中远程导弹的基础上研制运载火箭、发

1.《卫星的用途》，曲广吉著，《国外空间动态》1980年第2期。

射人造地球卫星的能力。1965年7月1日，中国科学院《关于
发展我国人造卫星工作的规划方案建议》呈报到中央，中央讨
论并原则批准了这个规划方案，确定由国防科委负责组织协调，
并改为"651"任务。

1967年12月，国防科委召开了审定卫星总体和分系统方
案的卫星研制工作会议，会议确定中国的第一颗人造地球卫星
定名为"东方红一号"，确定了技术总体目标："上得去、抓得
住、听得到、看得见。"

"上得去"是指卫星成功发射，并且能够掌握卫星在太空中
的位置；"抓得住"是指卫星测控系统能够精确跟踪卫星的飞行
轨迹；"听得到"是指能够听到"东方红一号"发出的声音；"看
得见"是指能够看到"东方红一号"卫星。

"上得去、抓得住"是卫星工程的关键，"听得到、看得见"
是扩大卫星的影响。工程技术人员几经试验，最后采用电子线
路产生的复合音模拟铝板琴演奏《东方红》乐曲，以高稳定度
音源振荡器代替音键，用程序控制线路产生的节拍来控制音源，
振荡器发音，效果令人满意，解决了"听得到"的问题。

如何在地球上用肉眼"看得见"中国卫星？工程技术人员
颇费了一番心思。173千克重的卫星，其最大直径仅1米，发
射到遥远的天际后根本不可能看见。如何办？一个好点子终于
解决了大问题，就是在运载火箭的第三级上设置"观测球"，观
测球用反光材料制成，上天后便打开，体积大，重量轻。第三
级运载火箭与卫星分离后，在距离卫星不远的太空中飞行，从
地面望去，犹如一颗明亮的大星。此时，保证卫星"上得去"
的"长征一号"运载火箭也已经准备就绪。

* "东方红一号"卫星。图片来源：国家国防科技工业局新闻宣传中心

1970年4月24日，随着指挥员一声令下，"长征一号"裹着烈焰刺破夜空，直冲霄汉，指挥室不断发出报告："一级火箭分离，……二级火箭分离，……卫星进入太空发射成功！"中国成为继苏、美、法、日后第五个能独立研制和发射卫星的国家。

正如时任中央军委主席邓小平1988年的一段表述所讲："如果六十年代以来中国没有原子弹、氢弹，没有发射卫星，中国就不能叫有重要影响的大国，就没有现在这样的国际地位。这些东西反映一个民族的能力，也是一个民族、一个国家兴旺发达的标志[1]。"

1.《中国第一颗人造地球卫星研制纪实》，刘畅、来肖华、陈琛著，《中国航天》2020年第4期。

（二）试验探索，多型卫星从无到有[1]

随着"东方红一号"卫星发射升空，拉开了中国进军太空的序幕，我国卫星事业发展进入了技术试验阶段。从20世纪70年代到80年代中期，我国陆续研制并发射了首颗返回式遥感卫星、试验通信卫星以及数颗空间科学与技术试验卫星。

1971年3月3日，我国成功发射"实践一号"卫星，这是我国"实践"系列科学探测与技术试验卫星的第一颗卫星，在空间科学和空间技术方面均做出了开创性的贡献，它开展的高空磁场、宇宙射线和外热流等空间物理环境参数测量，让我国第一次直接探测到宇宙空间环境。

大多数卫星发射入轨后只需在太空工作，不需要返回地面，返回式卫星却不同。我国的返回式卫星研制工作始于1966年，在攻克卫星姿态控制、再入防热、回收等技术难点后，我国于1975年11月26日发射首颗返回式卫星，它标志着我国成为世界上第三个掌握卫星回收技术的国家，在宇航技术的研究上取得新的突破。

1977年，我国提出了"一箭多星"的设想。1981年9月20日，"风暴一号"运载火箭携带着"实践二号""实践二号甲""实践二号乙"三颗卫星起飞，三颗卫星顺利进入预定轨道。一箭三星的发射成功，表明我国航天技术又向前跨进了一步。

"东方红一号"发射后不久，我国通信部门就表达了对通信卫星的迫切需求，希望改变我国通信技术落后的状况。1970年

1.《航天日，看中国五十年璀璨"星"光》，付毅飞著，《科技日报》2020年4月24日。

6月，国防部五院组织专家队伍开始了通信卫星新技术的研究。经过几年探索，我国确定选用地球静止轨道试验通信卫星方案。

1984年4月8日，我国成功地发射了第一颗地球同步试验通信卫星——"东方红二号"，成为世界上第五个能独立研制、发射和应用地球同步卫星的国家。4月16日，即发射后的第八天，试验通信卫星成功地定点在东经125°赤道上空，表明我国卫星测控技术达到了相当高的水平。卫星定点后，各地面通信台站同卫星成功地进行了通信、广播、电视传输试验。试验表明，卫星转播图像清晰、色彩鲜艳，音质也很好。试验通信卫星的研制和发射，其规模之大、技术之复杂、组织之严密，在我国航天史上是空前的，标志着我国航天技术有了新的飞跃。

（三）全面发展，卫星应用百花齐放

20世纪80年代后期，我国卫星发展从技术试验转向工程应用阶段。几年间，"风云一号"太阳同步轨道气象卫星和"东方红二号甲"实用型通信卫星相继成功发射，实现了我国卫星应用领域拓展和实用化水平跃升的开门红；"资源一号"卫星开启了传输型遥感卫星的新时代；"实践四号"卫星正式拉开了我国以小卫星平台开展空间科学试验的序幕。

随着我国卫星通信事业迅速发展，基于"东方红二号"平台的通信卫星已不能满足需要。1986年，我国正式启动第二代通信卫星——"东方红三号"的研制工作。1997年5月12日，"东方红三号"卫星成功发射，它装载了24台C频段转发器，采用了许多当时的前沿技术，使中国通信卫星水平一下跨越了20年。该卫星不仅解决了国民经济发展对卫星通信服务的迫切需求，还带动了"天链"等多型通信卫星的蓬勃发展。1992年9月，中国载人航天工程批准实施，代号"921工程"，是中国空间科学实验的重大战略工程之一。1992年9月，中央政治局常委会批准我国载人航天工程按"三步走"发展战略实施。1994年，北斗卫星导航系统启动"北斗一号"系统工程建设。

1999年10月，中国和巴西合作研制的"资源一号"卫星和一颗巴西小卫星成功发射，开创了发展中国家航天高科技领域技术合作的先例，"资源一号"卫星是我国主导研制的第一颗高速传输型对地遥感卫星。到1999年，我国不仅在科学实验卫星、返回式遥感卫星、地球静止轨道通信卫星、太阳同步轨道气象卫星等应用卫星领域迈向全面应用，还成功发射并回收了"神舟一号"无人试验飞船，在若干重要的卫星技术领域达到较高水平，为我国空间技术跻身世界先进行列奠定了基础。进入21世纪，我国探月等重大工程相继实施，中国卫星技术全面发展。从2002年起，国防科工委组织科学家和工程技术人员研究月球探测工程的技术方案。2004年1月，国务院批准绕月探测工程立项，命名为嫦娥工程。2006年2月，国务院颁布《国家中长期科学和技术发展规划纲要（2006～2020）》，明确将"载人航天与探月工程"列入国家十六个重大科技专项。2010年9月25日，中央政治局常委会议批准《载人空间站工程实施方案》，载人空间站工程正式启动实施。

到2021年底，高分辨率对地观测系统天基部分基本建成，对地观测迈进高空间分辨率、高时间分辨率、高光谱分辨率时代。陆地观测业务服务综合能力大幅提升，成功发射"资源三号"03星、"环境减灾二号"A/B星、高分多模综合成像卫星、高光谱观测卫星以及多颗商业遥感卫星等。海洋观测实现全球海域多要素、多尺度、高分辨率连续覆盖，成功发射"海洋一号"C/D星、"海洋二号"B/C/D星。大气全球化、精细化综合观测能力实现跃升，成功发射新一代静止轨道气象卫星"风云四号"A/B星，实现全天候、精细化、连续大气立体综合探测和快速响应灾害监测，成功发射"风云三号"D/E星，形成上午、下午、晨昏星业务组网观测能力；成功发射"风云二号"H星，为"一带一路"沿线国家和地区提供卫星监测服务。遥感卫星地面系统进一步完善，基本具备卫星遥感数据全球接收、快速处理与业务化服务能力。

固定通信广播卫星系统建设稳步推进，覆盖区域、通信容量等性能进一步提升，成功发射"中星"6C、"中星"9B等卫星，支持广播电视业务连续稳定运行；成功发射"中星"16、"亚太"6D卫星，单星通信容量达到50Gbps，中国卫星通信进入"高通量"时代。移动通信广播卫星系统逐步完善，成功发射"天通一号"02/03星，与"天通一号"01星组网运行，具备为中国及周边、亚太部分地区手持终端用户提供语音、短消息和数据等移动通信服务能力。中继卫星系统建设迈入升级换代新阶段，成功发射"天链一号"05星和"天链二号"01星，综合性能大幅提升。卫星通信广播地面系统持续完善，形成全球覆盖天地融合的卫星通信广播、互联网、物联网及信息服务能力。

2020年7月31日，"北斗三号"全球卫星导航系统全面建成开通，完成30颗卫星发射组网，北斗系统"三步走"战略圆满完成，正式进入服务全球新时代。北斗系统具备定位导航授时、全球短报文通信、区域短报文通信、国际搜救、星基增强、地基增强、精密单点定位共七类服务能力，服务性能达到世界先进水平。

未来五年，中国将持续完善国家空间基础设施，推动遥感、通信、导航卫星融合技术发展，加快提升泛在通联、精准时空、全维感知的空间信息服务能力。研制静止轨道微波探测、新一代海洋水色、陆地生态系统碳监测、大气环境监测等卫星，发展双天线X波段干涉合成孔径雷达、陆地水资源等卫星技术，形成综合高效的全球对地观测和数据获取能力。推动构建高低轨协同的卫星通信系统，开展新型通信卫星技术验证与商业应用，建设第二代数据中继卫星系统。开展下一代北斗卫星导航系统导航通信融合、低轨增强等深化研究和技术攻关，推动构建更加泛在、更加融合、更加智能的国家综合定位导航授时（PNT）体系。持续完善卫星遥感、通信、导航地面系统[1]。

三、追"星"路上步履不停

（一）"东方红"系列卫星

从"东方红一号"卫星到具有世界先进水平的"东方红五号"平台，东方红卫星作为中国人造卫星的摇篮，经历了中国卫星从无到有，从跟跑到并跑，在许多方面甚至领跑的跨越。

1984年4月8日，"东方红二号"试验通信卫星成功发射升空。这是中国第一颗静止轨道通信卫星，也使我国成为世界

1.《2021中国的航天》白皮书，国务院新闻办公室。

上第五个能够发射静止轨道通信卫星的国家。

1986年，我国成功发射"东方红二号"实用型通信卫星，极大地提高了通信容量、通信地面站的信号强度和电视图像的质量，其传输质量超过了当时我国租用的"国际通信卫星"。1988年3月后，我国连续成功发射了3颗"东方红二号甲"实用型通信卫星。这些卫星采用了新的设计方案，性能不断增强，寿命不断延长，使中国卫星通信事业进入了一个新的阶段。

20世纪80年代初，一场"买星"还是"造星"的争论在国内出现。中国航天人勇敢地踏上了通信卫星"东方红三号"的方案论证和技术攻关之路，打造"争气星"，他们坚信，只有

* "东方红二号"卫星。图片来源：国家国防科技工业局新闻宣传中心

研制自己的通信卫星，才能摆脱受制于人的局面。

1997年5月12日，我国自行研制的新一代中容量通信卫星"东方红三号"终于到达了它的"太空泊位"，通信卫星事业终于迈出了坚毅的第二步。"东方红三号"卫星的发射成功，无论对于我国空间事业还是通信卫星产业，都是一个历史性的胜利。首先，解决了我国通信卫星市场的燃眉之急，极大地缓解了国内通信卫星转发器短缺的矛盾，并获得了绝佳的太空轨道位置。其次，对于抢占我国通信卫星市场意义重大，同时实现了我国通信卫星研制技术的大跨越。

"东方红四号"通信卫星公用平台是"十五"期间我国重点开展的民用卫星工程。该平台在设计思想上坚持通用性、继承性、扩展性、及时性和先进性的原则，平台功能与当时国际上同类卫星先进平台水平相当。2007年5月14日，基于"东方红四号"平台的"尼日利亚通信卫星一号"发射成功，这是我国首次以火箭、卫星及发射支持的整体方式，为国际用户提供

* 基于东方红三号平台研制的"嫦娥一号"探月卫星。图片来源：国家国防科技工业局新闻宣传中心

商业卫星服务。2008年10月30日，基于"东方红四号"平台的"委内瑞拉通信卫星一号"发射成功，标志着我国通信卫星平台能力得到了跨越式的提升。自此开始，我国打开了向世界出口卫星的通道，卫星技术不再为欧美垄断。

正在研制的"东方红五号"卫星公用平台使用了多项新技术，如电推进技术、网络热管和可展开式热辐射器技术，二维二次展开半刚性太阳翼、全管理贮箱、新一代电源控制技术等，具有"高承载、高功率、高散热、高控制精度、长寿命、可扩展、多适应"等特点。2020年1月5日，我国研制的发射重量最重、技术含量最高的高轨卫星——"实践二十号"卫星成功定点，该卫星是"东方红五号"卫星公用平台的首飞试验星。

* 基于东方红四号卫星平台的白俄罗斯通信卫星一号。图片来源：国家国防科技工业局新闻宣传中心

* 基于东方红五号卫星平台的实践二十号卫星。图片来源：国家国防科技工业局新闻宣传中心

（二）"实践十三号"卫星

2017年4月12日，"实践十三号"通信卫星（"中星十六号"卫星）于西昌卫星发射中心由"长征三号乙"运载火箭成功发射。在轨测试期间，"实践十三号"完成了11个试验项目，其中首次高轨卫星对地高速激光双向通信试验的成功，标志着中国在空间高速信息传输领域走到世界前列，为后续天地一体化信息网络国家重大科技工程奠定了基础。

"实践十三号"卫星是中国首颗高轨道高通量通信卫星，是验证"东方红三号B"平台和载荷新技术的高轨道试验卫星。以前只能同时传送几十部标清电视节目，随着卫星通量的提升，将来能同时传送几十部4K超高清电视节目，帮助人们在飞机、高铁上流畅接入互联网。

　　"实践十三号"卫星最高通信总容量超过了之前所有研制的通信卫星容量的总和，带动了中国卫星通信技术的飞升。卫星完成试验验证后，将转入 Ka 频段宽带通信试验业务，纳入"中星"卫星系列，命名为"中星十六号"卫星，使我国成为继美、欧等少数发达国家后掌握 Ka 频段宽带通信这一先进技术的国家，可为我国通信设施不发达地区的用户提供优良宽带服务，促进宽带卫星通信在高铁、船舶、飞机等移动载体以及企业联网、应急通信等领域的应用。

（三）"天链"号卫星

　　"天链一号01星"是中国第一颗地球同步轨道数据中继卫星，主要用于为中国神舟载人飞船及后续载人航天器提供数据中继和测控服务，同时为中国中、低轨道资源卫星提供数据中继服务，为航天器发射提供测控支持。

　　2008年4月25日23时35分，中国首颗数据中继卫星"天链一号01星"在西昌卫星发射中心由"长征三号丙"运载火箭成功发射升空。25分钟后，西安卫星测控中心传来数据表明，"天链一号01星"准确进入预定的地球同步转移轨道。这也意味着，中国航天器开始拥有天上数据"中转站"。

　　中继卫星享有"卫星的卫星"之誉，可为卫星、飞船等航天器提供数据中继和测控服务，极大提高各类卫星使用效益和应急能力，能使资源卫星、环境卫星等数据实时下传，从而为应对重大自然灾害赢得更多预警时间。

　　"天链二号01星"是中国第二代数据中继卫星系统的第一颗卫星，将为载人航天器、卫星、运载火箭以及非航天器用户提供数据中继、测控和传输等服务。2019年3月31日，中国在西昌卫星发射中心用"长征三号乙"运载火箭，将"天链二号01星"送入太空，卫星成功进入地球同步轨道。

2019年4月9日，"天链二号01星"定点成功，各分系统工作正常。2021年5月29日，搭载着"天舟二号"货运飞船的"长征七号遥三"运载火箭发射后，"天链二号01星"按计划分别与火箭、货运飞船建立数据传输链路，实时稳定向北京航天飞行控制中心和文昌航天发射场发送目标数据。2021年6月17日，"天链二号01星"首次亮相"神舟十二号"载人航天任务。

（四）"北斗"系列卫星

"北斗"卫星导航系统（以下简称"北斗系统"）是我国着眼于国家安全和经济社会发展需要，自主建设运行的全球卫星导航系统，是为全球用户提供全天候、全天时、高精度的定位、导航和授时服务的国家重要时空基础设施。

1.北斗系统"三步走"发展战略

20世纪后期，中国开始探索适合国情的卫星导航系统发展道路，逐步形成了"三步走"发展战略：2000年年底，建成"北斗一号"系统，向我国提供服务；2012年年底，建成"北斗二号"系统，向亚太地区提供服务；2020年，建成"北斗三号"系统，向全球提供服务。

第一步："北斗一号"，解决有无。

1994年，启动"北斗一号"系统建设；2000年发射2颗地球静止轨道卫星，建成系统并投入使用，采用有源定位体制，为我国用户提供定位、授时、广域差分和短报文通信服务；

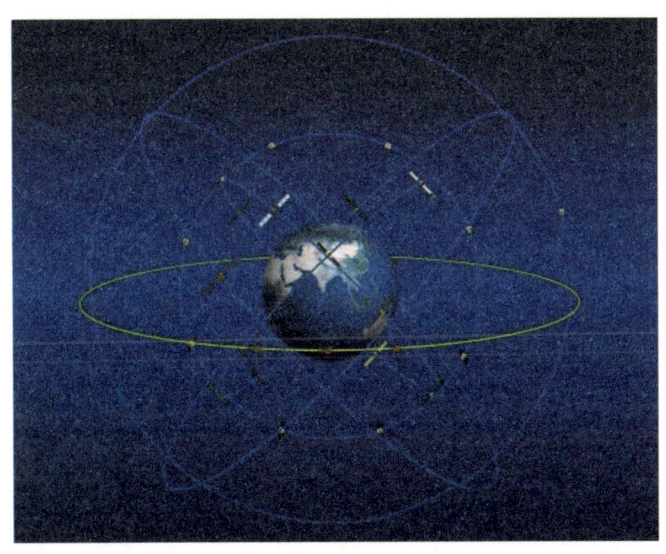

* 北斗卫星导航系统。图片来源：北斗卫星导航系统官方网站

2003年，发射第3颗地球静止轨道卫星，进一步增强系统性能。"北斗一号"是探索性的第一步，中国卫星导航系统实现从无到有，使中国成为继美、俄之后第三个拥有卫星导航系统的国家。

第二步："北斗二号"，区域无源。

2004年，启动"北斗二号"系统建设；2012年，完成14颗"北斗二号"卫星，即5颗地球静止轨道卫星、5颗倾斜地球轨道卫星和4颗中圆地球轨道卫星的发射组网。"北斗二号"在兼容"北斗一号"技术体制基础上，增加无源定位体制，为亚太地区提供定位、测速、授时和短报文通信服务。

第三步："北斗三号"，全球服务。

2009年，启动"北斗三号"系统建设；2020年，全面建成"北斗三号"系统。"北斗三号"系统继承有源服务和无源服务两种技术体制，为全球用户提供基本导航（定位、测速、授时）、全球短报文通信和国际搜救服务，同时可为中国及周边地区用户提供区域短报文通信、星基增强和精密单点定位等服务。

北斗"三步走"发展战略，是在结合我国国情和不同阶段技术经济发展实际提出的发展路线，北斗系统的成功实践，走出了在区域快速形成服务能力、不断扩展为全球服务，具有中国特色的卫星导航发展道路，丰富了世界卫星导航的发展模式和发展路径。

2.身边的北斗

北斗应用范围十分广泛，随着北斗系统建设和服务能力的发展，相关产品已广泛应用于交通运输、海洋渔业、水文监测、气象预报、测绘地理信息、森林防火、通信时统、电力调度、救灾减灾、应急搜救等领域，逐步渗透到人类社会生产和人们生活的方方面面，为全球经济和社会发展注入新的活力，正如北斗卫星导航系统工程首任总设计师孙家栋院士所说的"北斗的应用，只有想不到的，没有做不到的"。

在紧急救援上，基于北斗卫星导航系统的导航定位、短报文通信以及位置报告等功能，已实现全国范围的实时救灾指挥调度，应急通信、灾情信息快速上报与共享等服务功能，极大地提高了灾害应急救援的快速反应能力和决策能力。

在交通运输上，北斗可为船舶、汽车、飞机等运动物体进行定位导航，如船舶远洋导航、飞机航路引导和进场降落、汽车自主导航、地面车辆跟踪和城市智能交通管理，以保证现代交通运输系统高效、安全、准确地运行。

在农业应用上，北斗农业应用的足迹遍布大江南北，让传统的农业生产充满了现代化科技的魅力，节省了更多的人力、物力与财力。当北斗系统结合农田管理系统，实现可视化、集成化、系统化应用，让农业现代化的脚步不断加快。

|知识链接|

卫星助力全面抗疫与复工复产

在抗击新冠肺炎疫情战斗中，卫星助力科技抗疫，为取得抗疫全面胜利做出了重要贡献。北斗高精度测量火线驰援武汉火神山、雷神山医院建设；基于北斗的无人机、无人配送车应用于疫区医疗物资配送；基于北斗的车联网推动疫情期间交通智能化、精准化。通过卫星通信的方式，建立前方医疗现场与后方医学专家或指挥部的视频连接，医疗会诊车还接入医疗信息网，现场医疗人员可即时获取相关医疗信息资源，并通过卫星通信网络上传。多个系列遥感卫星对部分重点省市在疫情防控各阶段的生产生活状况进行了监测，对部分省市的重大建设项目、产业园区、工矿企业复工、农作物春耕种植等进行信息监测。

3.世界的北斗

中国始终秉持和践行"中国的北斗，世界的北斗"的发展理念，服务"一带一路"建设发展，积极推进北斗系统国际合作。《中国北斗卫星导航系统》白皮书中明确指出："卫星导航系统是全球性公共资源，多系统兼容与互操作已成为发展趋势。"

目前，北斗已经陆续走进了巴基斯坦、沙特、缅甸、埃及、印尼等"一带一路"沿线和周边国家。缅甸的农业、林业、土地规划、大湄公河监管，老挝的精细农业和病虫灾害监测管理，文莱的智慧旅游，印尼的海上集成应用，等等，都有中国北斗的身影。北斗已成为我国对外交往的重要合作项目，显著提升了我国的国际地位与影响力。

中国的北斗，最终的目标是服务全球、造福人类。随着推动北斗进入国际民航、海事、移动通信等标准化组织步伐加快，北斗系统将实现与其他全球导航定位系统的完全兼容，充分与世界接轨。持之以恒地推动北斗国际标准化进程，也是北斗国际化的必由之路。

4.新时代北斗精神

2020年7月31日，"北斗三号"全球卫星导航系统建成暨开通仪式在北京举行。中共中央总书记、国家主席、中央军委主席习近平出席仪式，宣布"北斗三号"全球卫星导航系统正式开通。中共中央、国务院、中央军委专门发来贺电，高度肯定了北斗卫星导航系统建成开通的重大意义和辉煌成就，勉励工程全线大力弘扬"自主创新、开放融合、万众一心、追求卓越"的新时代北斗精神。

开启全面建设社会主义新征程的时代呼唤"自主创新"。北斗系统是自主创新精神的结晶，是在发达国家对我国"卡脖子"、制造技术鸿沟的背景下，经历千难万险、付出千辛万苦才完成的。其间，科技人员集智攻克星间链路、星载原子钟等160余项关键核心技术，推进500余种器部件国产化研制，实现了核心器部件国产化率100%。自主创新是强国之基，只有发扬自主创新精神，增强自主创新能力，才能为逐步形成以国内大循环为主体、国内国际双循环相互促进的新发展格局奠定现实基础。

提升国家治理体系和治理能力现代化的时代呼唤"开放融合"。北斗系统的创建和应用过程中内蕴着开放融合精神。在发达国家制造科技鸿沟的情况下，北斗系依然积极向世界开放，开展国际交流；组网成功后，依然持续参与国际卫星导航事务，融入全球导航系统，实现全球共享。开放融合精神为中国区域间融合互动、协调发展提供理念支持；为打造以"一带一路"公共基础设施互联互通为代表的区域合作平台，共同构建政治互信、经济融合、文化包容的全球利益共同体、命运共同体和责任共同体提供中国智慧；为打破单边主义、霸权主义的全球治理规则和秩序，实现不同主体间开放包容、交流互鉴、合作共赢的全球治理规则和秩序，在百年未有之大变局中提供理念指引。

彰显中国特色社会主义制度优势的时代呼唤"万众一心"。"北斗三号"全球卫星导航系统的正式开通是"万众一心"精神的生动体现。北斗系统是参研参建的400多家单位、30余万名科研人员合奏的一首大联合、大团结、大协作的交响曲。北斗系统核心部件铷钟的研制就是组织高校、中科院和工业部门3支研发队伍同步攻坚的结果；长期受国外控制的行波管放大器、微波开关、星敏感器等北斗系统关键产品的国产化，也都是由国内很多厂家同时进入，展开技术攻关。"万众一心"凸显了民族和国家在重大利益上发挥举国体制的特殊意义，彰显了中国特色社会主义制度的显著优势，也极大增强了我国制度在全球的地位和影响。

实现中国服务全球乃至领跑全球的时代呼唤"追求卓越"。

北斗系统是追求卓越精神的生动诠释。"北斗三号"在实现了全球覆盖后并没有停止前进的脚步，除通过补充建设进一步提升北斗系统的服务精度外，研制团队开始论证将服务范围向中高轨和深空、水下和室内延伸的可能性，无线电导航同通信相结合的可能性，向研制更加泛在、融合、智能的北斗导航系统进发。只有发扬追求卓越的精神，精益求精，生产出全球卓越产品，才能有向全球提供服务、实现全球共享、使人类命运共同体深入人心的物质基础，从而使中国逐步走向世界中心，实现从跟跑者到并跑者再到领跑者的跨越[1]。

（五）"风云"系列卫星

气象卫星是世界上应用最广的卫星之一，与人类的日常生活息息相关。与其他的气象观测手段相比，气象卫星观测范围广、次数多、时效快、数据质量高，不受自然条件和地域条件限制，由气象卫星所提供的气象信息已广泛应用于日常气象业务、环境监测、防灾减灾、大气科学、海洋学和水文学的研究。

早在1969年1月29日，周恩来总理高瞻远瞩地提出："要搞我们自己的气象卫星"，并于1970年2月亲自批准中共中央、国务院、中央军委文件，下达了研制气象卫星的任务。多年的风雨兼程，攻关涉险，如今中国已成为世界上第三个同时拥有地球静止轨道气象卫星和太阳同步轨道气象卫星的国家，促成中、美、欧三足鼎立格局，有力地提升了大国形象。

"风云一号"卫星的研制对我国气象卫星和运载火箭的研制

1.《发扬新时代北斗精神》，丁梦扬、陆树程著，中国社会科学网。

具有许多开创性的意义：实现了首颗气象遥感卫星的在轨业务运行，实现了"长征四号甲""长征四号乙"运载火箭的首次发射并取得圆满成功，实现了太原卫星发射中心的首次航天发射并取得圆满成功，首次实现了我国气象遥感卫星的长寿命业务运行，首次被纳入世界业务极轨气象卫星序列，等等，为我国气象卫星事业的发展奠定了坚实的基础。

"风云二号"于1986年启动研制，实现了"多星在轨，统筹运行，互为备份，适时加密"的运行模式，为我国和周边地区的天气预报提供实时动态的气象观测资料，大大提高了对暴雨范围、强度和台风的动态跟踪及登陆位置预报精度，业务运行成功率稳定在99.5%。

"风云三号"是"风云一号"的换代产品，是国内搭载遥感探测仪器最多的对地遥感卫星，突破了七项新技术，实现了从二维成像到三维探测、从单一光学到全谱段宽波、从千米级到百米级观测、从国内组网接收到全球组网接收四大技术跨越，可在全球范围内实施全天候、多光谱、三维、定量探测。

"风云四号"填补了我国多项技术空白，是一颗有"跨代"意义的首发星，并因其"一个顶俩"、可以给大气做CT、可以抓拍闪电等特点闻名于世，成为我国静止轨道气象卫星整体性能达到世界先进水平、部分能力达到世界领先水平的一颗世界一流的卫星。

2021年是我国风云卫星气象事业51周年。51年来，我国风云卫星气象事业从零起步、发展迅速，目前已经成为世界上少数同时拥有极轨和静止气象卫星的国家或地区之一。从"风云一号""风云二号"到"风云三号""风云四号"，我国已成功发射了"两代四型"共19颗风云气象卫星。风云卫星是目前世界上在轨数量最多、种类最全的气象卫星星座，在应对防范气象灾害及其衍生灾害、生态环境遥感监测、森林草原火灾监测预警、土地利用遥感监测和粮食产量监测预报等方面发挥了巨大作用。

风云卫星的稳定运行和出色表现，使我国在气象卫星领域跻身世界一流，与美、欧三足鼎立。据统计，风云气象卫星的数据每年被数以亿计地引用，成为国内最大的遥感卫星数据库。全球70多个国家和地区、全国超过2500家单位均在使用风云卫星数据。

（六）"海洋"系列卫星

专门用来探测海洋资源和海洋环境的卫星叫海洋卫星。海洋卫星遥感具有大面积、连续、动态、实时的观测优势和高分辨率、高精确度、可重复观测、与计算机系统完全兼容等优势，携带微波遥感器的海洋卫星还具有不管白天晚上都可以观测的特点。

"海洋"系列卫星为中国自主研制和发射的海洋环境监测卫星，此系列卫星共分为一号、二号和三号。2002年5月15日，我国第一颗海洋卫星"海洋一号"成功发射。

"海洋一号"的用途是通过探测海洋的水色和水温，掌握我国近海海洋初级生产力分布、海洋渔业及养殖业资源状况和环境质量；了解重点河口港湾悬浮泥沙分布；监测我国近海溢油、赤潮、海冰冰情、浅海地形等。在海洋生物资源开发利用，河口港湾的建设和治理，海洋污染监测和防治，海岸带资源调查和开发，以及全球环境变化研究等领域有着广泛的用途。

2021年5月19日，我国在酒泉卫星发射中心用"长征四号乙"运载火箭，成功将"海洋二号 D"卫星送入预定轨道，旨在实现对全球海面高度、有效波高、海面风场、海面温度的全天时全天候高精度观测。

（七）"高分四号"卫星

2015年12月29日"高分四号"卫星成功发射，经过4次变轨，于2016年1月4日成功定点地球同步轨道，并于当日首次开机成像并下传数据。国家卫星气象中心北京气象卫星地面站准时捕获并成功接收全部数据后，中国资源卫星应用中心对获取的原始数据进行了处理。现阶段卫星工作状态良好，成像效果稳定。

"高分四号"卫星是我国首颗地球同步静止轨道高分辨率光学成像遥感卫星，与现有高轨遥感卫星相比，"高分四号"卫星具有高空间分辨率优势。现有高轨遥感卫星分辨率一般为千米级，"高分四号"卫星相机的可见光探测器达1亿像素，红外探测器达百万像素，并首次采用了可见光近红外和中波红外共口径技术，可见光和红外通道可同时工作，能够高时效地实现地球同步静止轨道可见光50米分辨率、中波红外400米分辨率遥感数据获取，是目前世界上地球同步轨道分辨率最高的光学成像卫星。

（八）中巴地球资源卫星

1999年10月，中国、巴西联合研制的中巴地球资源卫星（又称"资源一号"）卫星发射成功，所接收到的卫星图像资料，广泛应用于农业、林业、水利、矿产、能源、测绘、环保等众多部门。"资源一号"卫星的发射成功，不仅填补了中国在资源卫星方面的空白，而且为发展中国家在航天技术领域开展合作提供了范例。

"资源一号"卫星是我国第一代传输型陆地卫星，凝聚着中巴两国航天科技人员十几年的心血，它的成功发射与运行开创了中国与巴西两国合作研制遥感卫星、应用资源卫星数据的广阔领域，结束了中巴两国长期单纯依赖国外对地观测卫星数据的历史，被誉为"南南高科技合作的典范"。

2019年12月20日，我国在太原卫星发射中心用"长征四号乙"运载火箭成功发射中巴地球资源卫星04A星。中巴地球资源卫星04A星是中国和巴西两国合作研制的第6颗卫星，将接替中巴地球资源卫星04星获取全球高、中、低分辨率光学遥感数据，可更好满足两国在国土资源勘查、土地分类、环保监测、气候变化研究、防灾减灾、农作物分类与估产等领域对遥感数据的迫切需求，并可为亚非拉国家提供服务。

（九）"张衡一号"电磁监测试验卫星

2018年2月2日，中国在酒泉卫星发射中心用"长征二号丁"运载火箭成功将电磁监测试验卫星"张衡一号"发射升空，进入预定轨道。这次发射的"张衡一号"卫星是我国首颗观测与地震活动相关电磁信息的卫星，为地震观测研究提供有价值的信息，向航空航天、导航通信等相关领域提供空间电磁环境监测数据应用服务，这标志中国成为世界上少数拥有在轨运行高精度地球物理场探测卫星的国家之一。

"张衡一号"电磁监测试验卫星是中国全新研制的国家民用航天科研试验卫星，也是中国地球物理场探测卫星计划的首发星。该星利用覆盖范围广、电磁环境好、动态信息强、无地域限制等优势，开展全球空间电磁场、电离层等离子体、高能粒子沉降等物理现象的监测，为地震机理研究、空间环境监测和地球系统科学研究提供新的技术手段。同时，该星探测数据也能为空间物理和地球物理研究提供重要数据支持。

（十）"实践十号"返回式科学试验卫星

2016年4月6日，中国首颗微重力科学实验卫星——"实践十号"返回式科学实验卫星在酒泉卫星发射中心由"长征二号丁"运载火箭发射升空，进入预定轨道。2016年4月18日，"实践十号"卫星成功返回。

"实践十号"卫星是空间科学战略性先导专项首批确定的科学卫星项目中唯一的返回式卫星，也是中国第一个专用的微重力实验卫星。中国是第三个突破航天器返回技术的国家。在40余年的发展历程中，返回式卫星成为中国发射最多的卫星系列。在"实践十号"卫星之前，中国共研制了国土普查卫星、摄影测绘卫星、空间育种卫星等合计6种型号、24颗卫星，卫星平台经过了三代跨越。

近年来，返回式卫星在空间科学领域的作用得到了越来越大的发挥。据不完全统计，在"实践十号"之前，返回式卫星曾完成13项空间生命科学实验、7项空间材料加工实验、23次空间微重力科学实验、3次微重力测量实验，以及900多件植物种子、微生物、虫卵，100多件空间辐射剂量测量，20多件航天用器件的无源搭载实验，此外，还完成了熔体表面和液固界面特性、空间细胞培养等空间科学实验。

（十一）"悟空"暗物质粒子探测卫星

2015年12月17日清晨，一颗被称作"悟空"的卫星被发射到黝黑的宇宙之中，寻找神秘莫测的暗物质，2017年11月30日，中国科学院公布了我国暗物质粒子探测卫星"悟空"的探测成果："悟空"卫星在轨运行的前530天共采集了约28亿颗高能宇宙射线，基于这些数据，科研人员成功获取了目前国际上精度最高的电子宇宙射线能谱，该能谱将有助于发现暗物质存在的蛛丝马迹。

2021年9月7日，国家空间科学数据中心与中国科学院紫金山天文台联合公开发布暗物质粒子探测卫星"悟空"首批伽马光子科学数据，此次公开发布的2016年1月1日至2018年12月31日的伽马光子科学数据（共计99864个事例），以及与其相关的卫星状态文件（共计1096条记录）。空间伽马射线观测作为人类认识宇宙的重要手段之一，在宇宙起源、暗物质探测等科学前沿问题的研究中发挥着积极作用。

| 知识链接 |

"悟空"，由征名而来

为了给暗物质粒子探测卫星起一个响亮的名字，中国科学院国家空间科学中心、紫金山天文台与人民网科技频道于2015年9月29日至10月31日举办了暗物质粒子探测卫星征名活动。活动期间共收到名称方案32517个，最后经评委投票，将暗物质粒子探测卫星命名为"悟空"。

"悟空"是中国名著《西游记》中的齐天大圣，他火眼金晴，神通广大，给暗物质粒子探测卫星起名"悟空"预示着卫星将凭借卓越的空间探测能力在太空中大显身手，寻找暗物质；另外，"悟"有领悟的意思，"悟空"有领悟、探索太空之意；"悟空"机智、勇敢、敏锐的形象与暗物质粒子探测卫星的科学目标及科学使命高度契合。

（十二）"墨子号"量子科学实验卫星

2016年8月16日，中国首颗量子科学实验卫星被发射至高度为500千米的预定轨道，在中国科学技术大学的量子科学实验控制中心的指挥和调度下，完成四项重要的科学实验：星地高速量子密钥分发实验、广域量子通信网络实验、星地量子纠缠分发实验、地星量子隐形传态实验。

从理论上说，量子纠缠和量子隐形传态，是量子力学领域当中最"诡异"的现象。虽然量子通信体系速度无法突破光速，但两个遥远纠缠粒子之间的"非局域"关联，仍不时地试探着相对论的边界。此次卫星在轨，就是为了验证纠缠光子分开一千千米的尺度后，是否依然保持纠缠特性。从技术上说，卫星在轨的重要实验目标就是完成星地量子保密通信。这是目前世界唯一的星地量子信道，下一步有望实现全球量子密钥初步业务化。

中国卫星技术的前景是光明的，近年来，我国卫星技术发展高歌猛进，"悟空"暗物质粒子探测卫星、"墨子号"量子科学实验卫星、"慧眼"硬X射线调制望远镜、"太极一号"空间引力波探测技术实验卫星等"科学新星"冉冉升起，为科学界仰望星空、探索宇宙发挥重要作用。重大工程方面，北斗全球卫星导航系统完成组网；通信卫星领域，"东方红五号"卫星平台首发星成功定点，该平台将带动我国大型卫星公用平台升级换代，能力跨越式提升；遥感卫星领域，"高分"系列卫星相继发射，推动我国空间分辨率迈进亚米级时代；"风云""海洋"系列卫星均有多星在轨运行，技术指标达到世界先进水平。按照这种发展势头继续下去，中国的卫星必将引领世界发展方向。

| 知识链接 |

量子和量子通信

1.什么是量子？

构成世界的所有物质都是由很小的微粒组成的，所有的微观粒子，包括原子、分子、光子其实它们都是量子。可以说整个世界其实就是由量子组成的。一个物理量，如果有最小的单元而不可连续分割，就说这个物理量是量子化的，并把这最小的单元称为量子。

2.什么是量子通信？

量子通信是基于量子叠加、量子纠缠理论，通过隐形传输而实现的一种信息传递方式。什么是量子叠加、纠缠、隐形？量子叠加和量子纠缠是量子世界中两个基本原理，量子有很多个分身，现在假设量子的三个分身ABC，只要其中一个分身被发现（学术说法叫被测量），ABC就会随机消失掉两个，可能是AB，可能是BC，可能是AC，而仅留下一个，这个就叫量子叠加原理。而量子纠缠是指把两个量子纠缠在一起，一旦其中的一个分身被测量到了，那么这两个量子在同一地方的分身都会消失，它们分别只留下了一个分身。这就是量子纠缠，它帮助科学家完成了量子的隐形传输。

第 5 章

鲲鹏展翅九万里

——致敬载人航天工程

我们注重传承优良传统，发扬特别能吃苦、特别能战斗、特别能攻关、特别能奉献的载人航天精神，彰显了坚定的中国特色社会主义道路自信、理论自信、制度自信、文化自信，为坚持和发展中国特色社会主义增添了强大的精神力量。

——习近平总书记在会见天宫二号和神舟十一号载人飞行任务航天员及参研参试人员代表时强调（2016年12月20日）

我国的载人航天事业从无到有，从无人飞行到载人飞行，从一人一天到多人多天，从舱内实验到出舱活动，从单船飞行到组合体稳定运行，自1992年9月21日，党中央决策实施载人航天工程，我们用近30年跨越了发达国家半个多世纪的发展历程。正是在党中央坚强领导下，在全国人民大力支持下，一代代航天人不忘初心、接续奋斗，谱写了我国载人航天事业发展的壮美篇章。

一、中国载人航天历程

自从加加林首次进入太空后，载人航天便成为人类航天科技宝冠上的明珠。人类开始了不断探索——载人飞船、载人登月，直到人类在太空拥有了属于自己的房子——空间站。中国人的载人航天梦随着美苏航天员相继登上太空也逐渐形成，"714""863""921"这一系列数字记录了中国载人航天的发展历程。

（一）"714工程"揭开中国载人航天序幕

1961年4月，苏联成功发射世界上第一艘载人飞船，1962年2月，美国也成功发射载人飞船。消息传来，中国许多航天专家彻夜难眠，决心奋起直追。1963年，中国科学院成立了星际航行委员会，由竺可桢、裴丽生、钱学森、赵九章领导，为载人航天的研究做了大量开拓性工作和课题的落实工作。

1964—1966年，我国发射了一批生物探空火箭，火箭搭载动物（大白鼠和两只小狗）进行的几次亚轨道飞行试验获得成功，这便是我国载人航天的前奏。

1966年8月，刘华清调任国防科委副主任，随后开始组织相关专家，就卫星、飞船的体制方案和组建问题展开专题讨论。1968年1月，为成立空间技术研究院而设的"651筹备处"，召开了中国第一艘载人飞船总体方案设想论证会，并建议把第一艘飞船命名为"曙光一号"。1968年2月20日，中国人民解放军第五研究院（即中国空间技术研究院）成立，简称"五院"，钱学森任院长，由国防科委直管，"651筹备处"撤销。

1970年4月24日，中国第一颗卫星"东方红一号"发射当晚，位于北京城西的解放军工程兵招待所里，一场讨论会正在进行，备受"两弹一星"鼓舞的航天专家们提出了一个更加大胆的计划——把中国的载人航天也搞出来。在"东方红一号"卫星上天80天后，国防科委的一份秘密报告送到了周恩来等中央领导人的办公桌上。报告中明确提出：即着手载人飞船的研制工作，并开始选拔、训练航天员。1970年7月14日，毛泽东主席圈阅了我国发展载人飞船的报告，由此我国第一艘载人飞船"曙光一号"开始进入工程研制阶段。这项工程的代号为"714工程"。

钱学森作为载人航天的技术主帅，开始全面推进各个系统的研制工作，当时甚至连模型都生产出来了，外形类似于倒扣的漏斗，由座舱和设备舱两大舱段组成，类似美国双子座飞船。研制过程中不仅做出了飞船模型，选拔了航天员，科学家们还开始进行众多技术的攻关，比如防热技术、返回技术、控制技术、发动机技术，等等，同时进行了多次大型试验，甚至连飞船的运输车和航天员的食品都做好了。当时确定的计划是："曙光一号"载人飞船第一次上天将乘坐两名航天员，用"长征二号甲"运载火箭发射，升空时间为1973—1975年。

　　但是，科研不能单凭理想和热情。载人航天是个宏大复杂的系统工程，当时我国运载火箭的研制和测控网站的建设尚未达到载人飞天的水平。电子技术、工业制造技术等相关科技水平远未达到标准，且当时国家经济基础薄弱，并正在进行多项卫星开发计划，导致载人航天项目资金匮乏。缺钱也一直是中国载人航天早期无法回避的问题。《瞭望》周刊曾写道，从国外载人航天历史上看，按照所占GDP百分比计算，载人航天是有史以来花费最大的工程，超过了金字塔、长城、大教堂以及各时代的奇迹工程。中国在开展了一段时间的工作之后，认为无论是在研制队伍、经验方面，还是在综合国力、工业基础方面，搞载人航天都存在一定的困难。相反，战略地位不同的卫星反而对当时的国家经济建设发展更有利，需求也更迫切。毛主席决定，载人航天项目暂时停一下。周总理也实事求是地就中国载人航天的发展讲了几条原则，就是不与美苏大国开展太空竞赛，要先把地球上的事搞好，要搞国家建设急需的应用卫星。于是，1975年3月，国家正式宣布"714工程"下马。

　　虽然"714工程"最终取消，但是"曙光一号"飞船的设计工作已有大量成果积累。"714工程"培养了一批从事飞船设计的技术队伍，突破了一些关键技术，包括防热材料的研制和筛选、气动外形的设计、航天服和航天食品的研制、弹射救生的试验、航天员的选拔和训练等；远望号远洋测量船队被建立起来，太空跟踪站及雷达等相关设备也发展成熟。1975年，返回式卫星成功为飞船试验了回收技术。1968年成立的航天工程医学研究所，始终坚持对航天医学和航天员生命保障系统的研究。这些工作为我国实施载人航天工程奠定了坚实的理论、技术基础。

<拓展阅读>

最早的航天员科研训练中心——"507所"

1968年4月1日，为了"曙光一号"载人飞船的试验，在钱学森的直接安排下，由中国科学院生物物理研究所、中国军事医学科学院和中国医学科学院抽调的研究人员正式组建了北京航天医学工程研究所，这就是中国空间技术研究院507所，也就是今天的中国航天员科研训练中心。自成立以来，507所承担了航天员选拔训练、医学监督和医学保障、飞船环境控制与生命保障系统研制、航天服与航天食品研制、大型地面模拟试验和训练设备研制等多项重要任务，为中国载人航天的圆满成功做出了突出贡献。

（二）"863计划"重启中国载人航天计划

1983年3月，美国总统里根提出了"星球大战"计划，决心要在10年内把"自由号"空间站送入太空；法国总统密特朗在1985年提出要建立技术欧洲的"尤里卡"计划；欧洲航天局1987年决定建立独立的载人航天系统，发展"哥伦布"空间站和"赫尔姆斯"小型航天飞机；日本也计划发展"希望号"航天飞机；苏联提出了相应的战略防御计划，并在

1986年把第三代空间站"和平号"送上了太空，世界受到极大震撼。在此背景下，1986年3月3日，中国著名科学家王大珩、王淦昌、杨嘉墀、陈芳允联合提出了《关于跟踪研究外国战略性高技术发展的建议》。3月5日，邓小平看到4位科学家的建议，马上作出批示：这个建议十分重要，请找专家和有关负责同志，提出意见，以凭决策，此事宜速决断，不可拖延。这个具有深远意义的伟大决策让中国的高技术研究发展进入了一个新阶段。

1986年4月，中国数百名科学家会集北京，讨论《国家高技术研究发展计划纲要》。在此后的半年时间里，中共中央、国务院组织200多位专家研究部署高技术发展的战略，经过三轮极为严格的科学和技术论证后，中共中央、国务院批准了《高技术研究发展计划纲要》，主要选取了生物技术、航天技术、信息技术、先进防御技术、自动化技术、能源技术和新材料等7个领域中的15个主题项目，目标是在其后的15年里，在这7个高技术领域，跟踪国际水平，缩小同国外的差距，并力争在我国有优势的领域有所突破。由于《高技术研究发展计划纲要》是在1986年3月提出建议，并经邓小平亲自批复的，这个计划就以"863"为代号。中央为发展高技术决定拨款100亿元，这在当时可是一个巨大的数字，而航天技术领域则占其中的40%之多，可见航天技术在我国高技术发展计划纲要中的重要地位。

航天技术领域是"863计划"中第二个重要的高技术领域，"863计划"的实施，使我国载人航天研究重新列入了国家重点发展计划，成为中国载人航天事业新的起跑线。

＜拓展阅读＞

航天飞机还是载人飞船？

　　随着"863计划"的实施，停滞11年的中国载人航天再次被提上日程。但是到底发展航天飞机还是载人飞船却争论不休，当时有五种方案，但只有一种方案是飞船。彼时，美国已将航天飞机成功运用于载人航天领域，苏联也在研制自己的航天飞机"暴风雪号"。研发航天飞机的初衷是为了拥有一种可重复使用的低成本航天器，用于代替一次性的载人飞船，但研发成本巨大且技术极为复杂。而研制载人飞船有利于缩短时间，节省成本，可以尽快将航天员送入太空，且中国已完全掌握返回式卫星回收技术，搞飞船，成功率更高，安全性更可靠。国家航天领导小组在向中央报告航天飞机方案的同时，也呈送了一份给钱学森，他只在报告上写了"应将飞船案也报中央"。在钱学森的建议下，航空航天部组织了"航天飞机与飞船的比较论证会"。就是钱学森的这九个字，迅速改变了几乎已经板上钉钉的航天飞机技术路线。最终中央拍板：基于中国国情、经费投入、研制周期、安全风险等诸多因素，选择发展载人飞船。经过多年的实践证明，当时的决策是对的，少走了一大段弯路。

（三）"921工程"规划中国载人航天蓝图

　　1992年9月21日，中共中央政治局十三届常委会第195次会议讨论同意了中央专委《关于开展我国载人飞船工程研制的请示》，正式批准实施载人航天工程。出于高度保密的需要，工程代号"921"。确立了"三步走"发展战略：

第一步，发射载人飞船，建成初步配套的试验性载人飞船工程，开展空间应用实验；

第二步，突破航天员出舱活动技术、空间飞行器的交会对接技术，发射空间实验室和货运飞船，解决有一定规模的、短期有人照料的空间应用问题；

第三步，建造空间站，解决有较大规模的、长期有人照料的空间应用问题。

"三步走"的中国载人航天工程是我国航天史上迄今为止规模最大、系统组成最复杂、技术难度和安全可靠性最高的跨世纪国家重点工程，重启了中国载人航天工程的序幕。

| 知识链接 |

中国载人航天工程的十四大系统

中国载人航天工程由航天员系统、空间应用系统、载人飞船系统、"长征二号 F"运载火箭系统、酒泉发射场系统、测控通信系统、着陆场系统、空间实验室系统、货运飞船系统、空间站系统、光学舱系统、"长征五号 B"运载火箭系统、"长征七号"运载火箭系统和海南发射场系统组成。

航天员系统主要任务是选拔、训练航天员，并在训练和载人飞行任务实施过程中，对航天员实施医学监督和医学保障。

空间应用系统主要任务是利用载人航天器的应用支持能力，开展空间科学实验与应用研究，推动和引领空间科学与应用领域跨越式发展，取得重大科学成果和应用效益。

载人飞船系统主要任务是研制"神舟"载人飞船。

货运飞船系统主要任务是研制"天舟"货运飞船。

"长征二号F"运载火箭系统主要任务是研制满足载人航天要求的大推力运载火箭。

"长征七号"运载火箭系统主要任务是承担空间站工程期间货运飞船发射任务。

"长征五号B"运载火箭系统主要任务是承担空间站核心舱和实验舱等舱段发射任务。

酒泉发射场系统主要任务是承担载人飞船和空间实验室的发射任务。

海南发射场系统主要任务是承担"天宫"空间站舱段和"天舟"货运飞船的发射任务。

测控通信系统主要任务是完成飞行试验的地面测量、监视和控制。

空间实验室系统主要任务是突破并掌握飞行器空间交会对接及组合体控制技术；突破航天员中期驻留、飞行器长期在轨自主飞行、再生式生保和货运飞船补加等关键技术；验证天地往返运输飞船的性能和功能；先期考核空间站建造相关关键技术。

空间站系统主要任务是负责我国"天宫"空间站的研制建设。

着陆场系统主要任务是为载人飞船返回舱选定安全的返回着陆场区，完成返回舱在返回着陆段的测控通信任务，搜索、寻找着陆后的返回舱，救援航天员，回收返回舱和有效载荷，并提供着陆场区的通信和气象保障服务。

光学舱系统主要任务是研制空间站"巡天"光学舱平台，用于上行多功能光学设施，单独发射入轨，与空间站共轨飞行，支持多功能光学设施开展巡天和对地观测；需要时可与空间站主体对接，开展推进剂补加、设备维护和载荷设备升级等活动。

二、中国载人飞天圆梦

自从"921工程"立项到现在的三十多年来，我国的载人航天事业从无到有，从弱到强。中国载人航天工程按照早期制定的"三步走"发展战略一直稳步推进，成功实现了载人天地往返、空间出舱活动、空间交会对接等技术的重大跨越，顺利开展了组合体姿态控制、载人环境控制、电源并网、航天员中短期驻留等空间站关键技术的先期验证，建成空间实验室大系统，正在开展空间站的建造。中国载人航天的每一次新任务都标注着崭新的中国高度，每一次新飞行都描绘着壮丽的中国航迹，每一次新胜利都书写着辉煌的中国成就。

（一）首发载人飞船

"神舟一号"飞船是中国第一艘无人试验飞船，飞船于1999年11月20日在酒泉卫星发射中心由"长征二号F"载人运载火箭发射成功。在发射点火十分钟后，船箭分离，并准确进入预定轨道。飞船入轨后，地面的各测控中心和分布在太平洋、印度洋上的测量船对飞船进行了跟踪测控，同时对飞船内的生命保障系统、姿态控制系统等进行了测试。此次飞行试验成功验证了飞船关键技术和系统设计的正确性，考核了飞船系统的舱段分离技术、调姿制动技术、升力控制技术、防热技术和回收着陆技术等五大关键技术的可靠性，是中国航天史上又一次"零"的突破。

此次飞行取得了圆满成功，它证明了中国研制的飞船和新型运载火箭性能优良，新建的采用"三垂"模式的载人航天发射场和采用S频段统一测控体制的航天测控网具有先进水平。

* "神舟一号"点火发射瞬间。图片来源：中国载人航天工程办公室

在随后的几年中，"神舟二号""神舟三号""神舟四号"无人试验飞船全部获得成功。"神舟二号"是第一艘正样无人飞船，技术状态与实际使用的载人飞船基本一致，重点考核了环境控制与生命保障、应急救生两个分系统的功能；"神舟三号"是在模

拟载人状态下的第一次飞行试验，正式启用了航天员逃逸与应急救生系统，一切都按照载人的标准来实施，是一次承上启下的关键性试验；"神舟四号"是完全按照载人状态设计的无人飞船，备用着陆场、陆地和海上应急救生等系统都参加了此次飞行试验和考核，增加了自主应急返回功能，设计了8种救生模式。

2003年10月15日9时，中国第一艘载人飞船"神舟五号"成功发射，中国首位航天员杨利伟成为浩瀚太空的第一位中国访客。这次对航天员座椅进一步改进，设置了多种安全救生模式和百余种故障对策方案。当"神舟五号"飞船运行到第七圈，在距地面343千米的太空时，杨利伟从飞船上发出问候。10月16日6时，在轨运行了近一天的"神舟五号"飞船回到祖国的怀抱，杨利伟自主出舱。至此，中国成为世界上继俄罗斯和美国之后第三个能够独立开展载人航天活动的国家[1]。

| 知识链接 |

"taikonaut" 的由来

伴随着杨利伟历史性的太空之旅，一个新造的词语——"taikonaut"问世了，并融入到西方主要民族的语言中。这个词的前半部分"taiko"类似于中文"太空"的拼音，它的后缀部分"-naut（a）"与西方语言中代表航天员的词"astronaut"的尾缀完全一样，代表水手或航行家。从字面上看，它的意思就是"太空航行家"或者"航

1.《载人航天：中国人的飞天圆梦之路》，泉琳著，《科学新闻》2018年第9期，第26—29页。

天员"，是一个绝妙的中西合璧产品。这个词被收入新版牛津简明英语辞典、英文朗文辞典等主流英文辞典，以区别于专指苏联/俄罗斯航天员的"cosmonaut"一词，"taikonaut"成为世界媒体对中国航天员的专用称呼。

<拓展阅读>

杨利伟的"生死26秒"

在"神舟五号"火箭上升到三四十千米的高度时，火箭和飞船突然开始急剧抖动，与人体的内脏产生了26秒的低频共振，那种感受让杨利伟痛苦不堪，他甚至觉得自己的身体快要被震碎了。用杨利伟自己的话说："那个时候我感觉是自己快要牺牲了，已经坚持不住了。"但是他用常人难以企及的意志力挺过了最艰难的时刻。之后，工作人员改进了神舟飞船和运载火箭的设计，避免了这种情况。这段经历也被写入了人教版七年级下册语文书中。

2005年10月12日，航天员费俊龙、聂海胜搭乘"神舟六号"飞船由"长征二号F"运载火箭发射升空，实现了多人多天飞行并安全返回主着陆场。这次的新变化是：人数从1人到2人；天数从1天到5天；首次打开返回舱舱门进入轨道舱；首次让2位航天员脱下航天服进行科学实验；首次全面启动环控生保系统，如放置了食品柜、热饭用的电加热器、睡袋和太空马桶；航天食品的种类也从"神舟五号"的二三十种增加到四五十种。

工程前期通过实施四次无人飞行任务，以及"神舟五号""神舟六号"载人飞行任务，突破和掌握了载人天地往返技术，使我国成为第三个具有独立开展载人航天活动能力的国家，实现了工程第一步任务目标。"发达国家在进行载人飞行之前，往往发射近 10 次甚至 10 余次无人试验飞船，而我国只进行了 4 次无人飞行试验，这在世界航天史上堪称奇迹。"国际宇航联空间运输委员会副主席、中国航天科工二院研究员杨宇光说[1]。

（二）实现出舱漫步

空间出舱活动，即航天员脱离母载人航天器或建在其他天体上的基地，依靠自身携带的生命保障系统，在太空中或其他天体表面上进行工作和活动，然后返回母载人航天器或建在其他天体上的基地的一系列过程，其中母载人航天器包括宇宙飞船、航天飞机、空间站；到其他星体表面进行的出舱活动也称外星漫步。随着航天技术的飞速发展，太空行走技术的重要作用和意义日益突出，其最直接并为人们熟知的作用是完成太空作业、组装及修复载人航天器或其他航天器上的受损部件。掌握太空出舱活动这一关键技术，意味着为实施下一步的空间交会对接，实现最终建立空间站的目标奠定了坚实基础。

| 知识链接 |

空间交会对接技术

空间交会对接技术是中国载人航天和组装大型空间站，乃至载人登月的另一项关键技术。其与载人天地往返、出舱

1.《"神五"圆梦翻开中国载人航天崭新一页》，章文著，《科学大观园》2021 年第 9 期，第 30—31 页。

活动并称载人航天领域的三大基本技术。曾有人比喻，空间
交会对接就好像太空放了一根针，地下有一根线，距离几
百千米，最后要拿那根线去穿过那个针眼。难度可想而知！

2008年9月25日，翟志刚、刘伯明和景海鹏三名航天员
驾乘"神舟七号"飞船冲破夜空的寂静，一飞冲天。27日，航
天员翟志刚打开飞船轨道舱舱门，迈出中国人漫步太空的第一
步，他挥舞国旗，在太空中向世界问好！此举使我国成为世界
上第三个独立掌握空间出舱活动关键技术的国家。这次实现了
三大突破：一是首次空间出舱；二是首次满载3人；三是首次
释放航天器。另外，"神舟七号"首次与"天链一号"中继卫星
进行了中继链路试验。

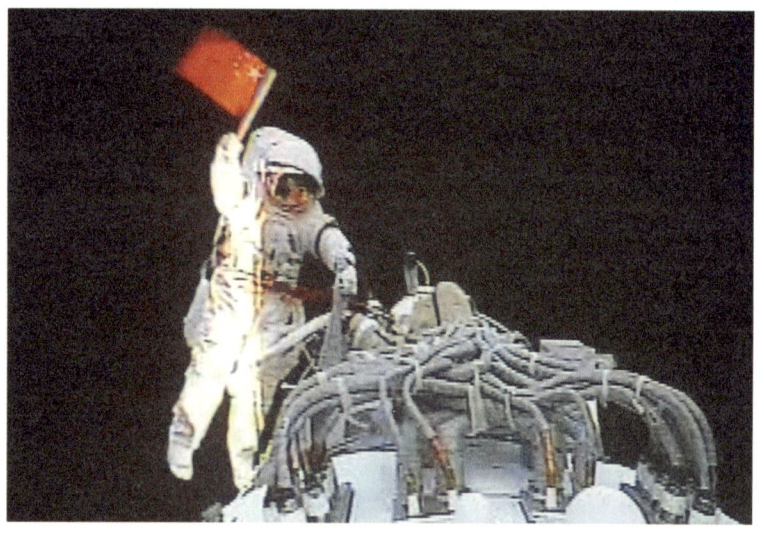

* "神舟七号"航天员翟志刚实现中国航天员首次太空行走。图片来源：中国载人
航天工程办公室

　　2011年9月29日，"天宫一号"发射升空，"天宫一号"为中国载人航天工程发射的第一个目标飞行器，是中国第一个空间实验室，也是中国迈入载人航天工程"三步走"战略的第二步第二阶段。

　　2011年11月1日，"神舟八号"飞天，升空后第2天，与"天宫一号"目标飞行器进行了空间交会对接。组合体运行12天后，"神舟八号"飞船脱离"天宫一号"并再次与之进行交会对接试验。这标志着我国在突破和掌握空间交会对接技术上迈出了重要一步。这是我国载人航天事业发展史上的又一个重要里程碑。从"神舟八号"开始，"神舟"飞船定型，采用载人天地往返运输器技术状态。

　　时隔不到一年，2012年6月16日，"天宫一号"和"神舟九号"先后通过自动控制和手动控制两次对接成功，航天员景海鹏、刘旺，以及中国首位女航天员刘洋入驻"天宫一号"，这是中国首次载人空间交会对接。"神舟九号"任务实现多个"第一"，比如，第一次手控交会对接；第一次验证组合体载人环境支持技术；第一次考核飞船手控系统；第一次考核"天宫一号"支持保障航天员的能力等。

　　2013年6月11日，"神舟十号"飞船从戈壁深处起飞，升空后再和"天宫一号"对接，"神舟十号"任务航天员聂海胜、张晓光和王亚平在成功完成交会对接后进入"天宫一号"。20日，航天员王亚平进行了中国首次太空授课，6000万名中小学生通过电视转播同步收看，产生了巨大的社会反响。这次飞行是"神舟"飞船首次进行应用性飞行和绕飞。至此，中国已基本掌握空间飞行器交会对接技术，并为后续空间实验室的建设打下坚实基础。

2016年9月，"天宫二号"空间实验室发射入轨，这是中国首个具备补加功能的载人航天科学实验空间实验室，也是我国第一个真正意义上的空间实验室，具备补加燃料功能。"天宫二号"被称为我国"最忙碌的空间实验室"。在这间实验室里开展的实验超过10项，是历次载人航天任务中应用项目最多的一次。其中，科研人员还专门在"天宫二号"上搭载了一个温度适宜、光照可控的迷你培养箱，这是我国首次完成"从种子到种子"全过程的空间植物培养实验。

2016年10月17日，"神舟十一号"飞船载着航天员景海鹏、陈冬搭乘"长征二号F遥十一"火箭冲入太空。19日凌晨，"神舟十一号"与"天宫二号"空间实验室交会对接。组合体飞行期间，相继开展了一系列体现国际科学前沿和高新技术发展方向的空间科学与应用任务。"神舟十一号"载人飞船在轨飞行33天，是我国当时持续时间最长的载人飞行。

2017年4月20日，我国第一艘货运飞船——"天舟一号"出征太空。"天舟"上行货物运输能力为6.9吨（现役最大），载货比为51%，世界第一。之后，"天舟一号"与"天宫二号"交会对接，验证了货物补给、推进剂在轨补加等一系列关键技术，天舟货运飞船与"长征七号"运载火箭组成的空间站货物运输系统，使得我国空间站建设具备了基本条件。

至此，中国载人航天工程空间实验室飞行任务圆满收官，正式迎来空间站时代。

（三）独立建造空间站

"空间技术领域是高技术集中的领域，空间技术水平是一个国家科技实力的重要标志，也是一个国家经济实力、综合国力、国防实力的重要标志。"建设空间站、探索外太空，是人类社会探寻和发展人类文明的重要目标。众所周知，太空上有一个由16个国家和地区组织共同建造的国际空间站。在这份长长的名单里，有发达国家也有发展中国家，却没有中国。一些国家处心积虑对我国实行严密封锁禁运，企图把中国排除在世界空间站"俱乐部"之外。现实倒逼中国必须坚定走独立发展之路。

建造空间站是我国载人航天工程"三步走"战略的第三步，自2010年空间站立项以来，经过十二年的发展，目前已进入在轨建造的关键时期。我国"天宫"空间站的建造和运行分为三个阶段：2021年为关键技术验证阶段，先后发射"天和"核心舱以及"天舟"货运飞船、"神舟"载人飞船各两艘；2022年为在轨建造阶段，先后发射"问天"和"梦天"实验舱以及"天舟"货运飞船、"神舟"载人飞船各两艘；此后为"天宫"空间站运营阶段。2020年5月5日，"长征五号B"运载火箭首飞，空间站阶段飞行任务首战告捷，拉开我国载人航天工程"第三步"任务序幕。

2021年4月29日，空间站"天和"核心舱发射任务取得圆满成功，标志着中国空间站在轨组装建造全面展开，为后续关键技术验证和空间站组装建造顺利实施奠定了坚实基础。

2021年5月29日，搭载"天舟二号"货运飞船的"长征七号遥三"运载火箭，在我国文昌航天发射场准时点火发射，约604秒后，飞船与火箭成功分离，精确进入预定轨道，发射取得圆满成功。本次任务是"天舟"货运飞船和"长征七号"运载火箭组成的空间站货物运输系统的第一次应用性飞行，首

* 空间站"天和"核心舱发射升空。图片来源：中国载人航天工程办公室

次进行了自主快速交会对接。

2021年6月17日9时22分，搭载"神舟十二号"载人飞船的"长征二号F遥十二"运载火箭，在酒泉卫星发射中心点火发射。此后，"神舟十二号"载人飞船与火箭成功分离，进入预定轨道，顺利将聂海胜、刘伯明、汤洪波3名航天员送入太空，发射取得圆满成功。6月17日18时48分，航天员在"神舟十二号"载人飞船与"天和"核心舱成功实现自主快速交会对接后，从返回舱进入轨道舱，按程序完成各项准备后，先后开启节点舱舱门、核心舱舱门，进入"天和"核心舱。7月4日，经过约7小时的出舱活动，"神舟十二号"航天员乘组密切协同，圆满完成出舱活动期间全部既定任务，航天员刘伯明、汤洪波安全返回"天和"核心舱，标志着我国空间站阶段航天员首次出舱活动取得圆满成功，8月20日，第二次出舱活动全

部既定任务圆满完成。9月17日，"神舟十二号"载人飞船搭载3名航天员，从中国空间站"天和"核心舱荣耀归来，稳稳降落在酒泉东风着陆场。由于航天员在轨期间，正值2021年东京奥运会，三名航天员在太空中也观看奥运赛事，并为中国健儿加油。这次任务实现了五个"首次"：首次实施载人飞船自主快速交会对接；首次实施绕飞和径向交会；首次实现长期在轨停靠；首次具备从不同高度轨道返回东风着陆场的能力；首次具备天地结合多重保证的应急救援能力。

2021年10月16日0时23分，搭载"神舟十三号"载人飞船的"长征二号F遥十三"运载火箭，在酒泉卫星发射中心按照预定时间精准点火发射，约582秒后，"神舟十三号"载人飞船与火箭成功分离，进入预定轨道，顺利将翟志刚、王亚平、叶光富3名航天员送入太空，飞行乘组状态良好，发射取得圆满成功。10月16日6时56分，"神舟十三号"载人飞船与空间站组合体完成自主快速交会对接。10月17日，"神舟十三号"航天员乘组成功开启货物舱舱门，并顺利进入"天舟三号"货运飞船。在此次航天任务中，他们将在空间站停留6个月的时间，完成空间站关键技术的相关验证工作，为下一步的空间站建造打下坚实的基础。

＜拓展阅读＞

飞上太空的中国航天员

自1992年载人航天工程启动以来，我国共有12名航天员飞上太空。

中国进入太空第一人杨利伟（2003年"神舟五号"）；

完成多次太空前滚翻的费俊龙（2005年"神舟六号"）；

三度飞天的航天员聂海胜（2005年"神舟六号"、2013年"神舟十号"、2021年"神舟十二号"）；

中国太空漫步第一人翟志刚（2008年"神舟七号"、2021年"神舟十三号"）；

两登太空之旅的刘伯明（2008年"神舟七号"、2021年"神舟十二号"）；

同样三次飞天的航天员景海鹏（2008年"神舟七号"、2012年"神舟九号"、2016年"神舟十一号"）；

首个"开飞船"的航天员刘旺（2012年"神舟九号"）；

中国首位女航天员刘洋（2012年"神舟九号"）；

15年坚持终圆梦的张晓光（2013年"神舟十号"）；

中国首位"太空教师"王亚平（2013年"神舟十号"、2021年"神舟十三号"）；

完成"太空健身"陈冬（2016年"神舟十一号"）；

首飞太空看奥运的汤洪波（2021年神舟十二号）；

首位80后登空的叶光富（2021年神舟十三号）。

中国空间站包括核心舱、实验舱"梦天"、实验舱"问天""神舟"载人飞船和"天舟"货运飞船五个模块组成。建造期间，航天员乘组采用间断方式访问空间站；建造完成后，采用乘组轮换方式，实现航天员长期连续在轨生活和工作，轮换时最多可达6人。空间站配置舱外机械臂等设备，能够协同航天员完成舱外建造、维护维修，以及舱外载荷操作任务。在轨期间将安排大量的空间科学实验和技术试验，有望取得一大批具有世界领先水平的科研成果、技术应用成果及相关科技产出。

2022年，我国自主建设的空间站建成使用，这是我国从航天大国迈向航天强国的重要标志，必将再次激发全国各族人民的自豪感，助力实现中华民族伟大复兴的中国梦。虽然中国未来空间站的规模仅相当于"和平号"空间站的一半，但由我国自主建造，实现了部组件全部国产化，原材料全部国产化，关键核心元器件100%自主可控[1]，在使用效率和可完成任务方面显著提升，同时空间站的规模适度符合中国作为发展中国家的国情和特点，具备可扩展能力也为未来的发展留下了广阔空间。

三、独立自主发展，推动合作共赢

"和平探索开发和利用太空，让航天探索和航天科技成果为创造人类更加美好的未来贡献力量。"中国载人航天以令人惊叹的速度，一路追赶、并跑、超越，跨越了发达国家半个世纪的发展历程，先后把13名航天员20人次送入太空，成功率100%，创造了发射"0失误"和回收"10环打靶"的卓越成绩，充分展示了中国道路、中国精神、中国力量，坚定了中国人民实现中华民族伟大复兴的中国梦的决心和信心。

1.《新华每日电讯》，2021年4月30日第5版。

（一）载人航天精神薪火相传

习近平总书记在会见"天宫二号"和"神舟十一号"载人飞行任务航天员及参研参试人员代表时强调，我们注重传承优良传统，发扬特别能吃苦、特别能战斗、特别能攻关、特别能奉献的载人航天精神。载人航天事业彰显了坚定的中国特色社会主义道路自信、理论自信、制度自信、文化自信，为坚持和发展中国特色社会主义增添了强大精神力量。载人航天事业是中华民族伟大复兴道路上的一座丰碑，它的实践经验、它的伟大精神，无不闪烁着时代的光芒，激励我们沿着中国特色社会主义道路、朝着实现"两个一百年"奋斗目标笃定前行。

伟大的事业孕育伟大的精神，伟大的精神推动伟大的事业。载人航天工程是当今世界高新技术发展水平的集中体现，是衡量一个国家综合国力的重要标志。从1956年10月8日，中国第一个导弹研究机构——国防部第五研究院正式成立到现在，我国航天事业已经走过了65个年头。一代代航天人不忘初心、接续奋斗，谱写了我国航天事业发展的壮美篇章，也浇筑起了特别能吃苦、特别能战斗、特别能攻关、特别能奉献的"载人航天精神"。这种精神，代表着"特别能吃苦"——中国航天人始终以人民利益为最高利益，以苦为荣，以苦为乐。这种精神，代表着"特别能战斗"——一代又一代的航天人直面困难，从不言弃，"甘愿为载人航天事业奋斗终生"是他们的信条。这种精神，代表着"特别能攻关"——我们突破了"卫星上天""卫星回收""一箭多星""地球同步""载人航天"等难关，洒下了航天人登攀的汗水。这种精神，代表着"特别能奉献"——航天人将"一切为了祖国，一切为了成功"写在了浩瀚的宇宙里，也将自己的名字镌刻在无垠的太空中。大国重器必须掌握在自己手里。当年，"两弹一星"挺起了中华民族的脊梁。今天，中国载人航天工程成为助力中国外交、彰显国际地位的一张名片。

新时代，新征程，"载人航天精神"激励着新一代的航天人继续迈着奋进的步伐。一系列普惠民生的航天重大工程为大家绘出航天高科技支撑美好生活的画卷。建设航天强国是中国强起来的重要支撑，也是实现中华民族伟大复兴中国梦的重要支撑。我们要不断赋予"载人航天精神"新的时代内涵，不断展现建设航天强国的中国力量。

（二）坚持自主创新发展

"十四五"规划和2035年远景目标纲要把"坚持创新驱动发展"作为全面塑造发展新优势的重要举措，强调"坚持创新在我国现代化建设全局中的核心地位，把科技自立自强作为国家发展的战略支撑，面向世界科技前沿、面向经济主战场、面向国家重大需求、面向人民生命健康，深入实施科教兴国战略、人才强国战略、创新驱动发展战略，完善国家创新体系，加快建设科技强国"。

如果说，航天科技是塔尖上的事业，自主创新就是支撑航天人勇敢攀登的精神天梯。中国载人航天始终坚持独立自主、创新发展的道路，将全面独立掌握载人航天技术作为基本原则，从飞船、火箭到地面设备，从分系统到单机到原材料、元器件都立足自主研发，为提高自主创新能力、建设创新型国家、加快转变经济发展方式提供了重要启示，积累了宝贵经验。在通往太空的天梯上，中国科学家的探索永不止步。中国载人航天从无到有，从高可靠高安全功能完备的"神舟"载人飞船，迭代制导组合导航精准的"长征二号F"载人火箭，"垂直总装、垂直测试、垂直运输"及远距离测试发射控制的先进发射模式，陆海天基一体化的载人航天测控网，迅捷高效的着陆搜索和国际联网的应急返回搜救系统，到"天宫二号"长寿命的空间实验平台，创造了一大批具有自主知识产权的产品，建立了一整套空间站前期技术试验体系，以较小的代价、较短的时间，在起步较晚的情况下迅速缩小了与领先国家的差距，走出了一条具有中国特色的发展道路，推动了技术进步和技术创新，促进了中国航天工业发展。

载人航天工程的实施，带动了国内基础科学和应用科学相关领域的加速发展，先后探索并成功开展了空间地球科学与应用、空间科学实验、空间探测、空间应用新技术、航天技术、航天医学等一批科学实验和应用试验，取得了一大批应用成果，大大增强了中国进入空间和利用空间的能力。载人航天还牵引了一批新兴高技术产业快速发展，拓展了科技成果向现实生产力转化的渠道，丰富了航天产业的内涵和途径，为信息产业的发展注入了动力和活力。同时还带动了一大批科研、生产、试验配套设施的建设，建成了包括航天员科研训练中心、飞船研制试验中心、载人航天发射场、北京航天飞行控制中心、空间有效载荷研制试验中心及应用中心等一大批重要基础设施，有力地保障了工程研制试验工作的需要，为中国载人航天工程和中国航天科技工业的可持续发展打下了坚实基础。

| 知识链接 |

空间科学

空间科学是以航天器为主要工作平台，研究发生在日地空间、行星际空间乃至整个宇宙空间的物理、天文、化学以及生命等自然现象及规律的科学。

空间科学领域划分：

1. 空间天文与太阳物理领域

2. 空间物理与太阳系探测（含空间地球科学领域）领域

3. 微重力科学领域

4. 空间生命科学领域

伴随工程的发展，中国航天员的选拔训练事业也经历了从无到有，从小到大，逐步发展壮大、成熟完善的过程。中国建立了具有完整性、开放性的航天员选拔训练体系，并在历次载人飞行任务中不断完善。这个体系包括了航天员的选拔训练一系列的标准、程序、方法，也包括教学、教材体系，教员培训与资格认证体系，训练设备体系以及管理体系，该体系适应了我国载人航天实际，具有中国特色，为工程培训出了满足任务需要、合格的航天员。先后共有13名航天员（20人次）执行了中国载人航天飞行任务。

载人航天集中展现了改革开放以来中国不断增强的综合国力和不断提高的科技水平，为提高自主创新能力、建设创新型国家、加快转变经济发展方式提供了重要启示，积累了宝贵经验[1]。

1.内容来源：北京空间科技信息研究所。

| 知识链接 |

中国航天员的选拔标准和训练内容

我国第一批航天员选拔标准：我国的航天员是从空军歼击机或强击机在飞的合格飞行员当中挑选。年龄在25至35岁，身高在1.60米至1.72米，体重在55公斤至70公斤。飞行时间累计600小时以上，并具有三种以上气象条件飞行的能力。要求飞行成绩优良，能独立担任战斗值班和具有处理应急情况的经验，机种改装能力快，飞行耐力好，善于独立思考，机动灵活，动作协调，紧急情况下沉着、果断、准确无误、综合处置能力强。

训练内容：航天员的训练分为基础理论知识学习、救生生存训练、心理训练、体质训练、航天环境适应性训练以及飞行程序与任务训练。通过训练培养航天员快速适应微重力环境的能力、应对高强度太空工作的能力、抵抗特殊环境心理压力的能力、应急救生生存的能力以及高效完成飞行任务的能力。

（三）加强国际合作共赢

2017年6月6日，习近平总书记向全球航天探索大会致信指出："中国历来高度重视航天探索和航天科技创新，愿加强同国际社会的合作，和平探索开发和利用太空，让航天探索和航天科技成果为创造人类更加美好的未来贡献力量。"太空是人类共同的财富，航天事业是人类共同的事业。中国始终按照"和平利用、平等互利、共同发展"原则与有关国家和地区开展国际合作与交流，展现出大国担当与风范。中国载人航天在取得举世瞩目成就的同时也不断深化与世界各国的交流与合作，与俄罗斯、德国、法国、比利时、意大利等国家的航天机构，以及联合国外空司、欧洲航天局等国际航天组织开展了广泛合作与交流，涉及领域包括航天技术、空间科学研究与应用、航天员的选拔与训练等方面，取得了一系列合作成果。

"神舟五号"飞行任务期间，航天员杨利伟将联合国旗带入太空，联合国旗第一次随中国人环游宇宙；"神舟八号"飞船上，中德联合开展了空间生命科学实验；空间实验室任务阶段，安排了伽玛暴偏振探测仪和失重心血管功能研究两项国际合作项目；国际宇航联合会会旗随中国"天宫一号"目标飞行器进入太空，并且"神舟九号"将其带回，充分体现了中国和平利用太空以及促进载人航天领域国际交流合作的一贯宗旨。

2013年，中国与联合国外空司在北京共同举办了载人航天技术国际研讨会。2016年，我国航天员叶光富赴意大利参加了欧洲空间局组织的洞穴训练。2016年，联合国与中国载人航天工程办公室签署《利用中国空间站开展国际合作谅解备忘录》，商定利用中国空间站为各国提供科学实验机会，并在未来为他国航天员或载荷专家提供在轨飞行机会。2017年，中欧航天员联合进行了海上救生训练。2019年6月，中国载人航天工程办公室与联合国外空司就联合对外公布，来自17个国家、23个实体的9个项目成功入选中国空间站第一批科学实验项目，这是中国载人航天工程首次通过联合国进行的大规模国际合作，后续还将联合外空司陆续征集后续批次的合作项目。2021年3月9日，中俄两国签署合作建设国际月球科研站谅解备忘录，同时俄罗斯与中国和法国商讨，使用法属圭亚那的库鲁（Kourou）发射场，向中国空间站发射航天器，这也是中国、俄罗斯和其他国际伙伴合作建设国际月球科研站任务的一部分。目前中国正在与法国、意大利和巴基斯坦等国家围绕在空间站开展基础物理、航天医学、空间天文等领域的空间实验进行良好的双边合作交流。

中国载人航天工程办公室主任助理季启明表示，中国空间站核心舱和实验舱上均配备标准化的载荷接口，具备开展各类科学实验国际合作的能力，将使中国空间站成为一个造福全人类的太空实验室。未来合作模式将多种多样，涵盖政府、机构、商业等，模式上也会有所创新，将会有国外航天员参加中国的航天飞行任务，在中国空间站上开展工作和生活，目前已有一些国外航天员为参加中国的飞行任务正在开始学习中文。当前我国空间站正在建造阶段，会根据任务进程适时开展国外航天员选拔和联合飞行有关工作，同时依托中国空间站，后续也将开展空间天文观测、地球科学研究，以及微重力环境下的空间科学实验国际合作。未来的中国空间站不但是国家级的空间实验室，更是与世界各国开展载人航天领域合作的重要平台。

探索宇宙是全人类共同的事业，在近地轨道建造和运营空间站，能够深刻推动科学发现和技术突破，同时也是衡量一个国家经济、科技和综合国力的重要标志。在"和平利用、平等互利、共同发展"的原则牵引下，中国空间站代表着人类向太空不断探索的勇敢与执着，将为人类和平利用太空贡献中国人的智慧和力量。

我国载人航天事业，启蒙于20世纪六七十年代，并在改革开放伟大历史进程中决策实施和不断推进，体现了高端生产力的发展历程，为推动国家科技进步和创新发展、提升综合国力、提高民族威望做出重要贡献。未来五年，中国将继续实施载人航天工程，发射"问天"实验舱、"梦天"实验舱、"巡天"空间望远镜以及"神舟"载人飞船和"天舟"货运飞船，全面建成并运营中国空间站，打造国家太空实验室，开展航天员长期驻留、大规模空间科学实验、空间站平台维护等工作。深化载人登月方案论证，组织开展关键技术攻关，研制新一代载人飞船，夯实载人探索开发地月空间基础[1]。我们错过了大航海时代，我们绝不可再错过大航天时代，随着未来新一代载人飞船和国家级太空实验室建成，可以期待中国人探索太空的脚步会迈得更远、更大。

1.《2021中国的航天》白皮书。

第 **6** 章

向天图强叩苍穹

——走向深空探测

天问一号探测器着陆火星，迈出了我国星际探测征程的重要一步，实现了从地月系到行星际的跨越，在火星上首次留下中国人的印迹，这是我国航天事业发展的又一具有里程碑意义的进展。你们勇于挑战、追求卓越，使我国在行星探测领域进入世界先进行列，祖国和人民将永远铭记你们的卓越功勋！

希望你们再接再厉，精心组织实施好火星巡视科学探测，坚持科技自立自强，精心推进行星探测等航天重大工程，加快建设航天强国，为探索宇宙奥秘、促进人类和平与发展的崇高事业作出新的更大贡献！

——习近平总书记致电祝贺我国首次火星探测任务天问一号探测器成功着陆火星（2021年5月15日）

2021年5月15日7时18分,"天问一号"火星探测器的着陆巡视器成功着陆于火星乌托邦平原南部预选着陆区,我国首次火星探测任务着陆取得成功,迈出了我国星际探测征程的重要一步,实现了从地月系到行星际的跨越,在火星上首次留下中国人的印迹。这是我国航天事业发展的又一具有里程碑意义的进展,标志着我国已迈入深空探测发展新时代。

一、中国航天深空进展的必然

人造地球卫星、载人航天器和深空探测器是目前人类用于开发太空的三大航天器。根据国军标认证的《卫星术语》和《中国大百科全书航空航天卷》中对"深空"的定义,深空是距离地球约等于或大于地月距离(约3.84×10^5千米)的宇宙空间。目前将对地球以外天体开展的空间探测活动称为"深空探测"[1]。

目前深空探测的六个重点方向为:月球探测、火星探测、小行星与彗星及矮行星的探测、太阳探测、水星与金星的探测、巨行星及其卫星的探测。

(一)深空探测已成为航天活动的重要方向

浩瀚的宇宙中有着无数等待人类去探索的秘密,而人类对于外层空间的探测才刚刚开始。随着科学技术的进步和人类认知能力的发展,开展深空探测,进入更深、更远、更广阔的太阳系和宇宙空间,必将成为人类航天活动的重要方面,也是人

1.《深空探测技术》,孙泽洲等(编著),北京理工大学出版社2020年版,第2页。

类探索宇宙奥秘和寻求长久生存发展的必然选择。

1957年世界第一颗人造卫星成功发射，为人类揭开了开拓外层空间的新篇章。从1958年美国和苏联启动探月计划开始，世界航天技术大国都先后开展了多种类型的深空探测活动。迄今为止，已独立或合作开展深空探测活动的国家和组织主要有美国、俄罗斯、欧洲航天局（ESA）、日本、中国、印度等。这些国家和组织先后发射了200余个深空探测器，实现了对太阳系八大行星和部分小天体的探访。

表6-1-1　世界各国实施的深空探测任务次数（截至2020年3月）[1]

项目	美国	俄罗斯（含苏联时期）	欧洲航天局	中国	日本	德国	印度	以色列	合计
月球	46/33	60/22	1/1	5/5	2/2	—	2/1	1/0	117/64
火星	21/15	19/5	2/2	—	1/0	—	1/1	—	43/23
金星	6/5	33/16	1/1	—	1/0	—	—	—	41/22
水星	2/2	—	1/1	—	—	—	—	—	3/3
巨行星	7/6	—	—	—	—	—	—	—	7/6
小行星、彗星、矮行星	7/5	—	2/2	—	5/3	—	—	—	14/10
太阳	13/10	—	2/2	—	—	2/2	—	—	17/14
深空探测器	102/76	112/43	9/9	5/5	9/5	2/2	3/2	1/0	242/142

*斜杠后的数字为任务成功的次数。

进入21世纪，人类探索宇宙起源与演化、寻找地外生命、拓展活动空间的需求越来越迫切，各航天国家和组织制定了详

1.《深空探测发展战略研究》，刘继忠著，《中国科学：技术科学》2020年版第50卷第9期，第1127页。

细的月球以远深空探测长远发展计划，探测对象更加多元化、探测手段不断扩展、探测内容不断丰富，深空探测已成为世界航天活动的重要发展方向。

同时，国际深空探测竞争态势愈加激烈，世界航天强国已瞄准地球、月球和火星太空经济圈及太空资源利用，拓展人类生存空间新疆域，从载人登月到载人探火，从地外资源开发到行星移民，深空探测领域将成为世界强国太空竞争的战场。

（二）深空探测对于航天强国建设意义重大

深空探测活动从来就不仅仅是单纯的科学或技术活动，其中包含着和被赋予了更多的内涵，对富民、强军、强国有重要的支撑作用。

深空探测是一个国家航天技术能力的象征，是提升国家地位的平台，是科学技术发展水平的重要标志。在当今世界高新科技领域中极具挑战性、创新性和带动性，是国家战略权益保障的需要，也是激发公众民族自豪感和科学热情的重要途径[1]，对国家的政治、经济、科学及人类社会的可持续发展都具有重大而深远的意义：

在科学上，深空探测活动能够推动地球科学、空间科学、天文学等基础学科的发展；催生比较行星学、太阳系演化学等一批新兴学科；并将极大地促进空间科学的发展。

在技术上，深空探测活动是一项多学科交叉、技术高度集

1.《国家深空探测可持续发展需求：行星科学研究》，潘永信著，《中国科学基金》2021年第35卷第2期，第181页。

成的系统工程，能够牵引空间推进、智能控制、新兴电源等一大批共性关键技术的发展。

在经济效益上，深空探测活动能够广泛带动工程技术的进步，推动一系列新技术、新工艺、新材料的应用向国民经济推广和转移，这将产生长期收益。同时，深空探测能够提高人类进入太空、利用太空资源的能力。

二、中国航天深空进军的探索

中国的深空探测起步于月球探测，1997年4月，三位中科院院士杨嘉墀、王大珩、陈芳允以"863计划"的名义发表了《我国月球探测技术发展的建议》。大家达成共识，按照国家当时的技术水平和经济实力，已经可以着手研究月球探测的问题。

2000年11月22日，中国政府首次发布《中国的航天》白皮书，提出：开展以月球探测为主的深空探测预先研究。这是中国航天首次向世界宣告进军深空探测领域[1]。

（一）"嫦娥"奔月——填补深空探测空白

在历史的车轮刚刚驶入千禧年之际，我国已经成功地发射了人造地球卫星和载人航天器，但深空探测领域活动还是空白。

我国专家学者早在20世纪六七十年代就开始跟踪国外动向，把探月作为深空探测的起点进行论证。1994年，有人提出发射一颗简易探月卫星的方案，但囿于国家经济实力和航天基

1.《共和国航天往事》,《中国航天报》编著，中国宇航出版社2020年版，第178页。

础实力，计划并未启动。然而，科学家们探测月球的希望之火并没有熄灭。

1.系统论证，探月"三步走"规划确立

20世纪90年代初，栾恩杰、孙家栋、欧阳自远[1]组成了探月"铁三角"。1995年，欧阳自远等专家编制了一份较为完整的探月可行性报告，提出了研制第一颗月球探测卫星的方案设想。

从1999年开始，国防科工委[2]组织有关部门系统地论证了月球探测的科学目标。2000年，中国科学院研究组完成《中国月球资源探测卫星科学目标》研究报告，提出了现今被广泛接受并作为立项目标的"绕、落、回"三步走的设想。同年11月22日，国务院新闻办公室发表《中国的航天》政府白皮书，"开展以月球探测为主的深空探测的预先研究"被列入了发展的目标。2004年1月，国务院批准绕月探测工程立项，命名为"嫦娥工程"，确定了"绕、落、回"三步走战略规划。

绕：2004—2007年（一期）研制和发射我国首颗月球探测卫星，实施绕月探测，对月球进行全球性普查。

落：2013年前后（二期）进行首次月球软着陆和自动巡视勘测，对月球进行区域性详查。

回：2020年前（三期）进行首次月球样品自动取样返回探

1.欧阳自远，1935年10月9日出生，天体化学与地球化学家，中国月球探测工程首席科学家，被誉为"嫦娥之父"，中国科学院院士、第三世界科学院院士、国际宇航科学院院士，北京师范大学—香港浸会大学联合国际学院（简称UIC）荣誉院士，中国科学院地球化学研究所研究员，国际院士联合体第一主席。
2.2008年3月，第十一届全国人民代表大会第一次会议决定，不再保留国防科学技术工业委员会。

测，对月球进行区域性精查。

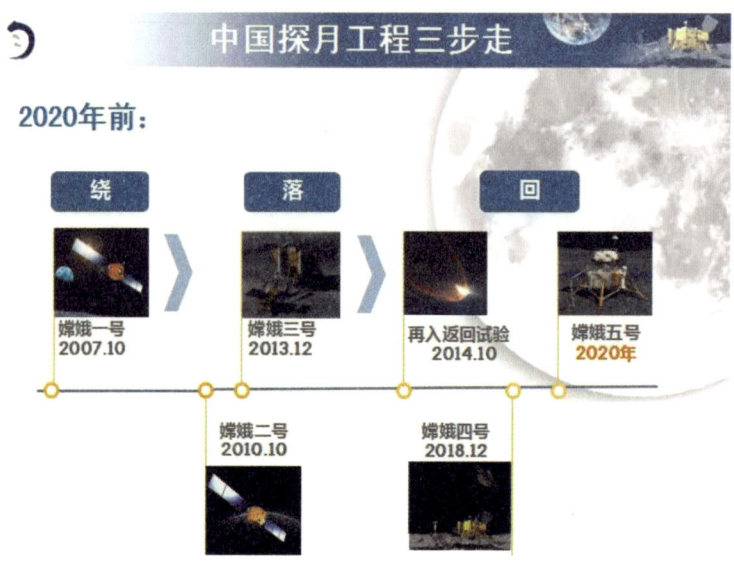

* 中国探月工程"三步走"。图片来源：中国探月与深空探测网

2.中国航天事业迎来第三个里程碑

2007年10月24日，"嫦娥一号"发射成功，在轨有效探测16个月，首次实现我国自主研制的卫星进入月球轨道并获得全月图。实现我国探月工程第一步战略目标。

"嫦娥一号"任务是我国首次深空探测任务，携带了8种科学载荷，完成了在轨1年设计寿命期内的既定任务，其后又开展了多项拓展任务，2009年3月1日受控撞月。

"嫦娥一号"是我国第一颗对地外天体进行环绕探测的探测器。"嫦娥一号"任务的实施，使我国掌握了绕月探测技术，初步构建了月球探测的航天工程系统，获取了世界首个全月球表面的遥感图像，探测了地月空间环境，获取了大量的科学探测数据，并取得了多项技术突破。

"嫦娥一号"任务的成功标志着我国在月球探测领域取得了历史性突破，成功迈出了深空探测的第一步，被看作是继"东方红一号"人造地球卫星、"神舟五号"载人飞船之后中国航天的第三个重要里程碑，也是我国航天器研制中自主创新的一个典范。

3.备份星实现对六大关键技术验证

2010年10月1日，"嫦娥二号"作为二期工程先导任务发射成功。"嫦娥二号"是"嫦娥一号"的备份星，它的飞行，意义重大。新的历史使命决定了"嫦娥二号"任务要解决多项技术难题。探月工程总设计师吴伟仁说，作为探月二期工程的"开路先锋"，"嫦娥二号"要验证直接入轨技术、月球捕获技术、X频段测控技术、轨道机动技术、数据传输技术和高分辨率成像技术等六大关键技术，它主要完成两大任务，一是对新技术进行试验验证，对未来的预选着陆区进行高分辨率成像，详勘了落月区域，获得了世界上首幅7米分辨率全月图；二是获得更加丰富和准确的探测数据，深化对月球的科学认知。另外，还代表中国首次造访日地拉格朗日L2点，并为8年后另外一颗"嫦娥"备份星实现"世界第一"打下了基础[1]；首次实现了我国对小行星的飞跃探测，与图塔蒂斯小行星近距离交会。

4.探月二期达成落月目标

2013年12月2日，"嫦娥三号"踏上奔月之旅。12月14日成功软着陆在月球表面，随后，着陆器与"玉兔号"月球车完成

1.《共和国航天往事》,《中国航天报》编著，中国宇航出版社2020年版，第183页。

互拍并将图像传回地面，实现我国探月工程第二步战略目标。

"嫦娥三号"任务实现了我国首次地外天体软着陆和巡视勘察，使我国掌握了月球着陆和巡视探测技术，进一步完善了我国月球探测工程体系，实现了月球就位和巡视探测，获取了大量的科学数据，并取得了多项技术突破，为后续深空探测任务的研制和实施奠定了良好的基础。它使我国成为世界第三个掌握落月探测技术的国家。它携带了中国第一辆无人月球探测车——"玉兔号"，使中国成为世界第二个掌握无人月球探测车技术的国家。"嫦娥三号"已成为全世界迄今在月面工作时间最长的人造航天器。

5.为取回月球"土特产"奠定基础

2014年10月24日，探月工程三期再入返回飞行试验器从地球出发，成功绕月后，11月1日，返回器以半弹道跳跃方式再入地球大气层，安全精确着陆，完成月球引力借力变轨等多项拓展试验。这次任务的圆满完成，证明我国掌握了第二宇宙速度半弹道跳跃式再入返回技术，有能力开展月地往返多目标探测，开拓深空探测新领域，为"嫦娥五号"任务奠定了坚实技术基础。

6."三步走"圆满收官

2020年11月24日，我国在文昌航天发射场，用"长征五号遥五"运载火箭成功发射探月工程的"嫦娥五号"探测器，开启我国首次地外天体采样返回之旅。

2020年12月17日凌晨，在人们的翘首期盼中，"嫦娥五号"经历23天的太空之旅，怀揣取自月球的1731克月球样品，稳稳降落在内蒙古四子王旗预定着陆区域。这是人类时隔

40多年后再次完成从月球采样返回的壮举，创造了5项"中国首次"：一是在地外天体的采样与封装，二是地外天体上的点火起飞、精准入轨，三是月球轨道无人交会对接和样品转移，四是携带月球样品以近第二宇宙速度再入返回，五是建立我国月球样品的存储、分析和研究系统。

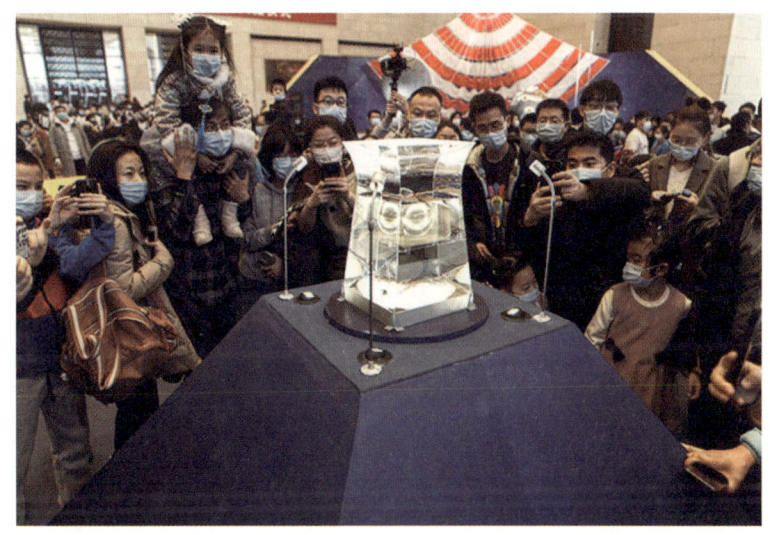

* 月球样品001号在国家博物馆展示。图片来源：中国探月与深空探测网

习近平总书记在会见探月工程"嫦娥五号"任务参研参试人员代表时强调，"嫦娥五号"任务的圆满成功，标志着探月工程"绕、落、回"三步走规划圆满收官，是发挥新型举国体制优势攻坚克难取得的又一重大成就，是航天强国建设征程中的重要里程碑，对我国航天事业发展具有十分重要的意义。

7.六战六捷带来深远影响

迄今为止，我国已执行6次月球探测任务，实现了六战六捷。总体看，我国的探月工程起步晚但起点高，经费投入少但科技产出多，发射次数少但成功率高。17年里，中国探月整体水平和能力快速发展，在世界探月领域正从"跟跑、并跑"走向部分"领跑"。

探月工程任务的完成，使我国空间技术能力实现重大跨越，为后续火星、小行星等深空探测任务奠定了基础，更为重要的是，工程完全是自力更生、独立自主完成的，所有技术和方案都是"中华牌"。

探月工程任务的完成，获得了大量月球地质、环境、形貌等原始科学数据，带动了我国空间物理、空间天文、行星科学等基础学科的发展，使我国月球科学研究迈入了世界前列。

探月工程任务的完成，开创了以我为主的航天国际合作新局面。通过"嫦娥四号"，搭建了开放共享的国际科技合作平台，建立了以我为主、多国参与、资源共享的高水平国际合作的新机制和新模式，甚至美国破天荒地主动提出了与我国开展探月合作的意愿。

探月工程任务的完成，形成了具有时代特色的探月精神"追逐梦想、勇于探索、协同攻坚、合作共赢"，成为激励我国科技工作者探索浩瀚宇宙、发展航天事业、建设航天强国的力量源泉。

探月工程任务的完成，造就了一大批优秀的科技研究和管理人才，涌现出一批杰出科学家和大国工匠，为后续工程和其他航天工程提供了有力的人才保障和智力支持。

中国探月循序渐进——前一代"嫦娥"为后一代"嫦娥"蓄力，前一代"探月人"为后一代"探月人"架桥。月宫的门，还会被中国人无数次叩响。

（二）"天问"探火——迈入行星际探测时代

在"嫦娥一号"任务取得圆满成功后，中国就开始谋划深空探测后续发展，火星很快进入视野。孙家栋、叶培建等院士提议要抢占先机，启动探火任务。

2010年8月，8位院士联名向国家建议：开展月球以远深空探测的综合论证。国家国防科工局立即组织专家组开展发展规划和实施方案论证。

1.高起点开展火星探测任务

根据国际深空探测的发展历程，各国一般在开展首次月球探测后的2至3年内即开展首次火星探测。而我国首次火星探测任务的批准立项距离首次探月任务"嫦娥一号"的发射过去近10年，因此，我国火星探测任务必须坚持在较高的起点开展，才能尽量缩小与国外先进水平的差距[1]。

我国首次火星探测任务于2016年1月经党中央、国务院批准立项，由国家航天局牵头实施，国家航天局探月与航天工程中心为工程总体单位。

时任国家航天局局长许达哲在火星探测任务正式立项时介绍说，我们做的是想一步实现绕火星的探测和着陆的巡视，这相当有难度。所谓"一步实现"是指我国首次实施火星任务时将一次性实现"绕""着""巡"三步并作一步走，为我国火星探测后发追赶提供契机。

1.《中国航天简史》，吴沅编著，上海科学技术出版社2020年版，第96页。

2.启动探火,迈向更远深空

火星探测项目是继载人航天工程、探月工程之后中国又一个重大空间探索项目,也是我国首次开展的地外行星空间环境探测活动。

2020年7月22日,"天问一号"整装待发,工程全线全力做好临射准备[1]。两千多年前,屈原写下《天问》,连问苍天172个问题,追寻宇宙的奥秘。两千多年后,"天问一号"探测器承载中国航天的光荣与梦想,为人类和平利用太空谱写新的篇章。从《天问》到"天问",体现着中华民族追求真理和探索未知的不懈追求与历史传承。

2020年7月23日,我国首次火星探测任务"天问一号"探测器在文昌航天发射场由"长征五号遥四"运载火箭实施发射,顺利进入地火转移轨道,器箭分离正常,探测器太阳翼和定向天线展开正常,发射任务取得圆满成功。

"天问一号"探测器飞向火星的第一步,是中国人迈向更远深空的关键一步。这是一次全球目光聚焦的航天探索,通过一次发射,实现火星环绕、着陆、巡视探测三大任务,在世界航天史上尚属首次。浩渺无垠的深空中,超1亿千米测控技术等一系列关键核心技术的突破,让"天问一号"的每一个动作都完美利落。

2021年2月5日,首次火星探测任务"天问一号"探测器发动机点火工作,顺利完成地火转移段第四次轨道中途修正,以确保按计划实施火星捕获。2021年2月10日,"天问一号"

1.来源:中国探月与深空探测网。

探测器成功进入火星轨道，成为我国第一颗火星人造卫星。

2021年2月12日，国家航天局发布了"天问一号"探测器火星捕获过程影像，展示了探测器飞过近火点并制动点火的画面。这些图像完整记录了火星逐渐进入视野，发动机点火后探测器的轻微震动及探测器从火星白天飞入黑夜的过程，太阳翼、定向天线、火星大气层及表面形貌清晰可见。"天问一号"造访火星，成为我国建设航天强国征程中的生动一幕。

＊"天问一号"在距离火星约220万千米处，获取首幅火星图像。图片来源：中国探月与深空探测网

2021年4月24日，中国首辆火星车名称揭晓。经全球征名、专家评审、网络投票等层层遴选，最终"祝融号[1]"一名脱颖而出。"祝融号"火星车采用太阳能动力，重约240千克，它是"天问一号"火星探测任务的核心部分。火星车携带全景和多光谱相机以及相关仪器来分析火星岩石的成分，还将利用探地雷达调查火星地下特征。

3."天问"落火，"祝融"开工

2021年5月15日7时18分，经过3.2亿千米的远征，"天问一号"探测器成功着陆于火星乌托邦平原南部预选着陆区，我国首次火星探测任务着陆火星取得成功。中国深空探测实现地月系到行星际的跨越。

* "天问一号"着陆巡视器成功着陆火星。图片来源：中国探月与深空探测网

1.祝融是中国上古神话中的火神，火的应用促进了人类文明的发展，驱散黑暗，带来温暖。"祝融"号寓意点燃中国星际探测的火种，指引航天人不断超越自我，逐梦星辰。

2021年5月22日10时40分，"祝融号"火星车安全驶离着陆平台，到达火星表面，开始巡视探测。"祝融号"正式开工，在火星表面刻上了中国印迹。

"祝融号"火星车由结构与机构、移动、天线、热控、供配电等10个分系统组成，具有四大主要功能：一是能够承受整个任务过程中的力学、热、辐射等空间环境；二是落火后火星车与进入舱配合完成释放、分离任务；三是在火昼时完成火面感知、探测、移动等工作，在火夜时进入待机状态，也就是"一夜好梦"；四是能够适应火面环境，具有自主休眠唤醒能力。按任务要求，"祝融号"拥有90个火星日的设计寿命。

2021年6月11日，国家航天局公布了由"祝融号"火星车在着陆火星后拍摄的首批科学影像图，这标志我国首次火星探测任务取得圆满成功，成为世界第一个通过一次发射完成绕、着、巡三项任务的国家，也成为世界第二个在火星表面进行巡视探测的国家。

"天问一号"任务成功是我国航天事业自主创新、跨越发展的标志性成就。在我国航天发展史上，"天问一号"任务实现了六个首次：一是首次实现地火转移轨道探测器发射；二是首次实现行星际飞行；三是首次实现地外行星软着陆；四是首次实现地外行星表面巡视探测；五是首次实现4亿千米距离的测控通信；六是首次获取第一手的火星科学数据。

2021年6月27日，党的百年华诞前夕，国家航天局发布我国"天问一号"火星探测任务着陆和巡视探测系列实拍影像，包括着陆巡视器开伞和下降过程、"祝融号"火星车驶离着陆平台声音及火星表面移动过程视频，火星全局环境感知图像、火星车车辙图像等。工作状态良好的环绕器和火星车，从火星向党和祖国报告平安，在建党百年之际传来遥远祝福。

2021年8月23日，火星车驶上火星表面满100天，累计行驶里程达到1064米，环绕器在轨运行403天，工况正常。

2021年9月下旬开始，地球、火星逐渐运行至太阳的两侧，三者近乎处于一条直线上，"祝融号"火星车进入"日凌"阶段。"日凌"期间，"天问一号"环绕器和"祝融号"火星车进入自主运行模式，暂停科学探测工作。

2021年10月中下旬，"日凌"现象结束，探测器与地球之间的测控通信恢复正常，"天问一号"与"祝融号"安全度过首

* "祝融号"火星车行驶车辙。图片来源：中国探月与深空探测网

次"日凌"。

2021年11月，我国"天问一号"与欧洲航天局"火星快车"任务团队合作，开展了"祝融号"火星车与"火星快车"轨道器在轨中继通信试验，取得圆满成功。

2022年5月中上旬，科学家研究团队根据"祝融号"火星车发回的数据推断认为，在火星车着陆区可能含有大量以含水矿物形式存在的可利用水，可供未来载人火星探测的原位资源利用。这也标志着"祝融号"火星车实现了国际上首次利用巡视器上的短波红外光谱仪在火星原位探测到含水矿物。

2022年5月15日，是火星车顺利着陆一周年的日子，在顺利完成既定90个火星日的科学探测任务后，继续向乌托邦平原南部巡视，实施拓展探测，行驶总里程达到1921米。

2022年5月18日，巡视区进入冬季，"祝融号"火星车按照设计方案和飞控策略，转入休眠模式，以此应对沙尘天气导致的太阳翼发电能力降低及冬季极地的环境温度。预计在2022年12月前后，恢复正常工作。

"天问一号"任务目标是通过一次发射实现火星环绕、着陆和巡视探测，从而拉开我国行星探测帷幕。火星是离太阳第四近的行星，与地球邻近且环境最为相似，是人类走出地月系统丌展深空探测的首选目标，对研究地球的"过去"和"未来"具有重要比较意义[1]。

1.国际火星探测已取得了丰富成果，发现了有水存在或者曾经存在的证据，激发了人们在火星寻找生命的热情，也成为当前国际深空探测的热点。

（三）"天眼"非凡——洞悉宇宙未知地带

"天眼"（FAST[1]）工程是由我国天文学家南仁东于1994年提出构想，由中国科学院国家天文台主导建设，历时22年建成，于2016年9月25日落成启用，是具有我国自主知识产权、世界最大单口径、最灵敏的射电望远镜，综合性能是著名的射电望远镜阿雷西博的十倍。

截至2021年5月，500米口径球面射电望远镜发现脉冲星逾370颗，并在快速射电暴等研究领域取得系列重大突破。

| 知识链接 |

什么是脉冲星？

脉冲星是一种极端致密的天体，中心物质具有千万亿倍数于水的密度的物质。脉冲星的辐射来自其强大磁场的极冠区，其辐射信号在中子星极冠转到地球视线方向的时候可以使得我们收到脉冲信号。在浩瀚宇宙中，脉冲星就好像是大海中的灯塔。驶出地球大气层的航天器在浩瀚宇宙中无法依赖GPS或者北斗导航定位，而脉冲星则可以充当它们在太空中的"灯塔"，便于对这些航天器进行定位和导航。每当辐射束扫过地球，我们就可以观测一次脉冲。

"天眼"是我国探索宇宙、探测空间信号的国之重器。在基

1.Five-hundred-meter Aperture Spherical radio Telescope，500米口径球面射电望远镜。

础科学研究领域举足轻重，对航天事业的发展有着重大意义。

作为当今世界最大单口径、最灵敏的射电望远镜，中国"天眼"刷新了人类已知的最远观测距离，这个500米口径球面射电望远镜能捕捉137亿光年之遥的宇宙信号，甚至有网友开始纷纷猜测它超强的探测能力会不会搜索到地外文明发来的信号，是当之无愧的世界第一。

2021年3月31日起，中国"天眼"向全世界天文学家征集观测申请，以开放合作的态度，向全球提供重大科研基础设施，促进更多科学成果产出，为人类文明进步作出中国贡献。

三、中国航天深空发展的高质量方向

我国正处在由深空探测大国向强国转型的关键阶段。2021年3月11日，十三届全国人大四次会议表决通过了《关于国民经济和社会发展第十四个五年规划和2035年远景目标纲要的决议》。根据纲要，未来一段时期，我国将实施探月工程四期、星际探测等一批具有前瞻性、战略性的国家重大科技项目。

（一）开拓我国深空探测的深度和广度

据探月工程总设计师、中国工程院院士吴伟仁介绍，探月工程四期经过多年论证，已于2021年底正式立项，目标是对月球南极开展科学探测，建立起月球科研站的基本型。探月工程四期规划了4次任务，第一次是已经成功实施的"嫦娥四号"，后续还有"嫦娥六号""嫦娥七号""嫦娥八号"3次任务。其中"嫦娥六号"主要到月球的高价值地区进行采样返回，后续还有新的月壤样品返回地球；"嫦娥七号"主要对月球极区进行科学探测，特别是对水冰分布进行探测；"嫦娥八号"将与"嫦娥七号"协同工作，主要开展月球资源开发利用技术试验验证和长期科学探测，并为科研站后续的关键技术进行验证。

中国首次火星探测任务工程总师张荣桥透露："天问二号"已进入初样研制阶段，预计2025年发射，进行小行星取样返回；"天问三号"将进行火星取样返回；"天问四号"将探测木星系。

我国的后续深空探测计划会是长期的、持续的，后续的主要任务之一是对深远空间的小行星进行探测，把小行星样品采集回来。未来还准备进行对太阳系其他行星的探测。比如探测威胁地球的近地小行星，对其实现预警、防御、处置等一系列应对措施。

再往远期看，我国深空探测希望实现"两个100"：在2049年，新中国成立100周年之际，实现对100个天文单位（150亿千米）之外的太阳系边际进行探测。

（二）深化国际合作共同促进深空探测

我国未来的深空探测将遵循"开放、合作、共建、共享"的原则，以双边合作、多边合作为平台，增进深空探测活动与各国科学界及工程技术领域的沟通交流，开展国际合作政策、战略布局研究，创新国际合作模式，优化国际合作规则，体现人类发展中的责任担当，推动深空探测任务级、系统级国际合作，共同开展科学数据、地外样品的研究。

我国将积极与有意愿的国家共同开展深空探测领域重大科学问题的论证，推动多层级探测任务的国际合作；与有关国家开展科学载荷联合研制、相互搭载，推动科学载荷研制水平提升；推动建立各类联合实验室等实体组织，深化中外科学家在地外天体样品、深空科学领域的合作；针对国内外行星保护发展现状及任务实施面临的实际问题，积极突破行星保护关键技术，与国际组织和相关国家制定行星保护规范、政策[1]。

<拓展阅读>

国际月球科研站合作伙伴指南

2021年6月16日，在全球空间探索大会期间，中国国家航天局和俄罗斯国家航天集团公司通过线上和线下混合方式，共同举办了国际月球科研站路线图全球网络论坛。在论坛上，中俄联合发布了《国际月球科研站路线图（V1.0）》和《国际月球科研站合作伙伴指南（V1.0）》。论坛由俄罗斯国家航天集团公司谢尔盖·萨维利耶夫副总经理主持。中国国家航天局副局长吴艳华参会并致辞。

吴伟仁在2022年全国两会期间接受采访时表示："深空探测在航天领域属于制高点。"其具有高度的战略性和辐射性、复杂性和创新性、挑战性和探索性，是航天事业中最重要的组成部分，持续开展深空探测是人类探索宇宙奥秘、保护和建设

1.《深空探测发展战略研究》，刘继忠著，《中国科学：技术科学》2020年第50卷第9期，第1136页。

美好地球家园的必然选择。

从月球到火星，从"玉兔"到"祝融"，中国人用汗水和智慧浇筑一个个丰碑，用梦想和情怀丈量一片片星空，迈向星辰大海的步伐必将走得更稳、更远！我国也将加快实施深空探测相关任务，切实开展国际合作与法律法规建设，加强科学研究与成果应用，实现重大发现与科学理论突破，积极拓展人类生存发展空间，并为促进人类文明进步作出重要贡献！

第 **7** 章

风起云涌观后海

——对话商业航天

建设航天强国要靠一代代人接续奋斗。希望广大航天青年弘扬"两弹一星"精神、载人航天精神，勇于创新突破，在逐梦太空的征途上发出青春的夺目光彩，为我国航天科技实现高水平自立自强再立新功。

　　——习近平总书记给中国航天科技集团空间站建造青年团队的回信（2022年5月2日）

商业航天是以市场经济原则运行的航天领域的所有活动，并不限定主体的性质。涵盖了运载火箭生产与发射、卫星研发与运营、地面设备制造与服务、新兴航天活动等诸多领域。作为商业航天势力的引领者，美国太空探索技术公司（SpaceX）成为了搅动世界商业航天的超级"鲇鱼"。太空旅游、小行星采矿、火星生存，一个个曾是遥不可及的美好愿景，随着科技发展、社会财富累积和人们对航天热情的高涨，正逐渐成为现实。商业航天创造的蓬勃之势或许将成为改变人类进程和商业史的一段奇迹。

一、航天事业发展的新动力

（一）商业航天已经稳居全球航天经济核心主导地位[1]

2007年，NASA时任局长迈克尔·格里芬在纪念NASA成立50周年的演说中，正式提出了"太空经济"的概念，将航天活动的机制效益拓展到了"经济"的高度。持续发展"太空经济"意味着全球航天活动进入一个崭新的阶段，"新航天时代"呼之欲出[2]。新航天开辟新场景，孵化新产业，孕育新技术，而按市场化方式配置要素、具有商业盈利模式的商业航天，则构成太空经济的全新主体。

全球航天产业一直保持稳步向前的态势，政府航天预算与

1.《国外商业航天发展模式研究》，于淼、戴阳利、张召才著，《卫星应用》2017年第1期，第23—31页。
2.《太空经济要素之频率资源价值体现》，蓝天翼著，《卫星应用》2016年第10期，第72—76页。

商业市场收入达到了1:4的比例格局，商业航天在世界航天产业发展中的主体地位愈发显著[1]。据欧洲咨询公司发布的《2020年航天经济报告》显示，2020年全球航天经济总量再创新高，达到3850亿美元。其中，商业航天收入约为3150亿美元，占到航天经济总值的82%，稳居全球航天经济核心主导地位。除了经济效益，商业航天还辐射出巨大的社会效益。在欧洲和美国，商业航天是目前主要的就业增长点。人类探索太空的梦想，永无止境，一个大航天的时代已然开启。

（二）SpaceX重型猎鹰发射成功开辟商业航天新篇章

进入2000年以来，航天发展格局突发变革，以SpaceX为代表的商业航天力量突然进入大众视野，第一次私营火箭进入轨道，第一次私营宇宙飞船发射，第一次私营火箭执行空间站任务……SpaceX主要研发"猎鹰1号""猎鹰9号""重型猎鹰"以及"Dragon"系列的航天器等。无疑，马斯克想造全宇宙最著名的火箭，他不仅给SpaceX的火箭系列起了一个霸气的名字——猎鹰，连发动机的名字也是同样风格——灰背隼（Merlin）、红隼（Kestrel）和猛禽（Raptor）[2]。

2018年2月，SpaceX"重型猎鹰"运载火箭史无前例地携带一辆特斯拉跑车成功发射升空，奔向火星轨道，有两枚助推器成功返回，SpaceX成为商业航天典范。"重型猎鹰"火箭

1.《全球商业航天发展态势及对我国商业航天的启示》，祝彬、郝雅楠、关晓红著，《军民两用技术与产品》2020年第1期，第20页。
2.《埃隆·马斯克与SPACEX的商业传奇》，埃里克·席德豪斯（Erik Seedhouse）著，机械工业出版社2015年版，第50页。

的成功发射意味着在航天飞机退役后，美国再次拥有将宇航员带入太空的能力，从而无须依赖俄罗斯飞船。作为目前世界上运载能力最强的现役火箭，"重型猎鹰"火箭的成功发射意味着人类探索太空的一个新开端[1]。

二、国际商业航天的发展变迁

商业航天兴起于20世纪80年代末，苏联解体和"冷战"结束促使国际体系加速演变，政治多极化和经济全球化持续推进，信息技术和产业革命成为大国竞争的焦点。由于航天高科技领域对国家发展的高度牵引作用，商业航天成为大国竞相争夺的"蛋糕"。

（一）传统航天[2]到商业航天的演进

传统的航天活动源于国家行为，出于国防安全的需要。在市场经济发展的今天，航天产业在国家经济发展、军事建设以及不断增强的太空经济活动的需求下，显得越来越重要。从美国商业航天的发展结果来看，发展商业航天具有非常重要的现实意义。

近代航天科技的发展最早源于第二次世界大战时期的军事目的，"二战"期间，德国研制了V-2火箭。"二战"后，美

1.《美国SpaceX公司"重型猎鹰"火箭商业首飞成功》，张嘉毅（编），《科技中国》2019年第5期，第1页。
2.《照见未来：一本书读懂商业航天》，贾睿著，知识产权出版社2018年版，第138页。

苏在此基础上研制远程核导弹，在导弹射程、导弹载重等方面开展"核竞赛"。为了彰显实力，美苏又将竞赛扩展到了太空。在远程战略导弹的基础上，发展出了运载火箭。随着"星球大战"的结束，加上"阿波罗"计划不仅大幅拉动了美国经济，甚至促使美国赢得了信息时代的控制权，航天逐渐从单纯的国防目的开始向服务社会的方向发展。1964年8月20日，美国、日本等11个西方国家为了建立世界性商业卫星网，成立了国际通信卫星组织（ITSO），并于1965年4月将第一代"国际通信卫星"（INTELSAT-I，"晨鸟"）发射进入地球同步轨道[1]，正式承担国际通信业务，这也是人类历史上第一颗商业卫星。

美国借鉴通信卫星产业化的成功经验，逐步开发遥感卫星市场。从1961年第一颗气象卫星，到1972年第一颗陆地观测卫星，再到1978年第一颗海洋卫星，军事侦察卫星技术转变为国土资源、环境、灾害监测的遥感应用，伴随着民用需求的逐步扩大，产生了一系列的卫星应用服务市场。美国和欧洲各国政府鼓励更多的企业参与到商业航天活动中来，商业卫星研制工业基础逐步形成和强化。

从航天发展的历程中，我们可以看到航天需求不断增加，用户持续增长，盈利效应开始出现，企业参与的积极性越来越高，航天市场形成商业航天的呼声也随之越来越高。可以说，随着航天技术的发展，大多数国家政府逐渐开始利用市场的手段进行管控。

1.《Boeing, COMSAT. Intelsat I》，Mainyu E A，Aud Publishing2012, p263.

（二）商业航天成长到繁荣进阶路

20世纪90年代中期，商业航天进入充满机遇的黄金期，这是大规模近地轨道（LEO）星座的时代，几乎和互联网的崛起是同时进行的，提出了著名的全球星和铱星计划。美国空军著名的一次性火箭项目（EELV）就是在当时蓬勃的商业航天刺激下产生的。美国和欧洲积极推进卫星遥感商业化，商业卫星研制基础更加巩固和成熟。大量的新兴发射服务商进入市场，欧洲"阿里安三号"火箭于1984年实现了欧洲的首次商业发射，并启动"阿里安四号"运载火箭的研制。美国轨道科学公司作为商业火箭公司的鼻祖，成功发射飞马座运载火箭，第一个由私营开发的火箭进入轨道[1]。

新时期以美国商业航天为代表，在多年政策铺垫下，NASA送来了"东风"，各企业也在小步慢跑中逐渐体会到了航天的酸甜苦辣。到了2000年，商业航天终于迎来了收获期。出现了各种大奖赛，旨在针对全球的私营部门和非政府实体，推动商业太空行业的发展。以SpaceX、蓝色起源为代表的民营企业，步入了火箭制造的行列。随着技术的发展，商业载人航天也逐渐步入人们的视野，维珍银河公司的"太空船2号"、毕格罗公司的"太空旅馆"[2]、蓝色起源公司的"新谢泼德"亚轨道载人飞行器都在努力研制[3]，发展太空旅游，抢占商业载人航天

1.《致知商业航天》，孙为钢著，中国宇航出版社2018年版，第53页。

2.《在太空开旅馆　毕格罗与他的充气太空舱》，薇薇安著，《航天员》2016年第2期，第43—46页。

3.《蓝色起源公司"新谢泼德"飞行器及其未来发展分析》，杨开、才满瑞著，《国际太空》2018年第7期，第20—26页。

市场。2021年，维珍银河创始人布兰森、蓝色起源创始人贝佐斯先后登上太空，是太空商业旅行历史性时刻。

<拓展阅读>

毕格罗充气舱

1999年，毕格罗成立了毕格罗宇航公司，宣布他将投入5亿美元建造太空旅馆。毕格罗拥有连锁酒店"美国廉价套房"，是属于商业航天中很有个人兴趣的典型企业家。2015年3月"毕格罗可充气活动太空舱（BEAM）"的正式发布，使其重新回到了公众视线。NASA工程师格伦·米勒表示，如果这种充气式太空舱在国际空间站能够通过使用寿命两年的测试，它将开启美国未来在月球以及火星上建立空间站的可能性。毕格罗太空舱不仅可以和国际空间站对接，也能和其他小空间站对接，还可以作为登陆月球的中转站，以及近地轨道的酒店使用。在此之前国际空间站从未对接过如此奇特的东西。

三、中国商业航天的春天

2014年是中国商业航天发展的一个转折点。在此以前，"商业航天"一词在中国还未被正式提出。2014年开始，国家及各地政府频繁推出利好商业航天发展的文件与规定，资本、技术、人才源源不断地涌向商业航天领域，短短几年形成了初具雏形的产业体系。

（一）中国发展商业航天的必要性

一是商业航天是发展航天事业、建设航天强国的重要支撑。商业航天可进一步促进航天技术在经济社会各领域的广泛应用，扩大航天产业对国民经济与社会发展的影响，提高航天国际竞争力。二是商业航天是推动航天产业军民融合深度发展的重要手段。商业航天受政府和市场的双重影响，能够促进体制机制改革创新，开创航天产业军民融合深度发展的新局面。三是商业航天是带动航天领域大众创业、万众创新的重要载体。商业航天鼓励全社会参与航天发展，支持各类市场主体开创新企业、开发新产品、开拓新市场、培育新业态。四是商业航天是加速形成航天产业新格局的重要途径。商业航天已显示出巨大发展潜力和空间，使航天产业逐步从以服务国家需求为主向同时服务经济社会转变[1]。

（二）商业航天合法合规有序发展

欧美相继出台多项政策与法律法规，鼓励支持发展商业航天，以提升航天产业的国际竞争力。2014年以来，我国逐步放开航天产业政策，鼓励民间资本研制、发射和运营商业卫星，参与运载火箭的研制生产，开始为民营的航天机构降低进入门槛。同时，国家还积极牵头建设相关产业服务配套设施和园区，扶持项目落地。

1.《航天发展新动力：商业航天》，张保庆等著，中国宇航出版社2017年版，第56页。

表7-3-1　国家近年发布的与商业航天相关的政策

序号	政策文件	主要内容
1	2014年11月,《国务院关于创新重点领域投融资机制鼓励社会投资的指导意见》	鼓励民间资本研制、发射和运营商业遥感卫星
2	2015年10月,《国家民用空间基础设施中长期规划(2015—2025)》	支持民间资本开展增值产品开发、运营服务和产业化推广
3	2016年3月,《关于经济建设和国防建设融合发展的意见》	再次明确"军民融合上升为国家战略"
4	2016年5月,《关于实施制造业升级改造重大工程包》	重点工程之一即为商业航天产品发展工程,包括商业遥感卫星、通信卫星及运载火箭的研制生产线
5	2016年12月,《2016中国的航天》白皮书	鼓励引导民间资本和社会力量有序参与航天科研生产、空间基础设施建设、空间信息产品服务、卫星运营等航天活动,大力发展商业航天
6	2019年5月,《国家国防科技工业局、中央军委装备发展部关于促进商业运载火箭规范有序发展的通知》	明确商业运载火箭科研、生产、试验、发射、安全和技术管控等有关事项

| 知识链接 |

武汉国家航天产业基地——中国首个商业航天产业基地

2016年8月,国家发改委正式批复《武汉国家航天产业基地实施方案》,落子新洲区阳逻腹地的双柳集镇,优先发展航天运载火箭及发射服务、卫星平台及载荷、空间信息应用服务等主导产业,以快舟运载火箭为基础,面向微小卫星提供廉价快速、响应灵活的商业航天发展服务。火箭产业园、卫星产业园相继投产,全国首条小卫星智能生产线完工,首颗"武汉造"卫星下线;"新洲号"火箭蓄势待发。电磁防护材料产业园的投产,标志着武汉国家航天产业基地三大主体产业园的全面建成。

（三）"国家队"积极布局商业航天

2017年1月9日，中国航天科工集团研制的"快舟一号甲"小型固体运载火箭将3颗卫星成功送入轨道。此次发射完全按照市场方式运作，是一次纯商业航天发射，被认为是中国在商业航天领域迈出的新步伐[1]。"快舟"的命名已经说明了它的特点，一是快速高效发射模式，从用户下订单采购到最终提供发射服务仅用了8个多月时间。二是低成本优势，目前每千克载荷运载成本在1万美元左右，极具价格竞争力。

＊"快舟一号甲"火箭。图片来源：中国航天科工集团有限公司

2019年8月17日，航天科技集团一院研制的首型商业运载火箭——"捷龙一号"首次成功发射，以"一箭三星"方式，

1.《快舟一号甲成功发射"一箭三星"开启中国商业航天新时代》，科轩著，《中国航天》2017年第1期，第10页。

将三颗卫星送入预定轨道[1]。与长征火箭"师出同门",但采用商业化模式,面向商业小卫星发射市场打造,意味着航天"国家队"在商业航天领域又迈出重要一步[2]。"捷龙一号"是我国体积最小、重量最轻的固体火箭,采用一车一箭发射方式,运抵发射场后24小时内就能快速发射,拥有向500千米太阳同步轨道发射200千克载荷的能力,具有我国商业火箭中最高的载荷比。

*"捷龙一号"火箭。图片来源:中国运载火箭技术研究院

我国低轨道通信小卫星星座计划主要有航天科技集团的

1.《捷龙一号首飞成功开启"纯商业"征程》,高一鸣、王伟童著,《太空探索》2019年第1期,第9页。
2.《"真正地把中国的商业航天变成中国航天的重要的组成部分"——捷龙一号运载火箭的创新发展之路》,顾楠著,《国防科技工业》2019年第9期,第20—22页。

"鸿雁星座"和航天科工集团"虹云工程"[1]。目前，国家相关部门正统筹规划鸿雁、虹云在内的星座计划。

"鸿雁"全球卫星星座通信系统是航天科技集团提出，由300颗低轨道小卫星及全球数据业务处理中心组成，具有全天候、全时段及在复杂地形条件下的实时双向通信能力，可为用户提供全球实时数据通信和综合信息服务。"鸿雁星座"预计在2022年建成由60颗卫星组成的通信网络；预计在2025年建设完成由数百颗卫星构建"海、陆、空、天"一体的卫星移动通信与空间互联网接入系统，实现全球任意地点的互联网接入。"鸿雁星座"首颗试验卫星"重庆号"已成功发射，对空间互联网系统关键技术进行在轨验证，对移动通信、宽带互联网、物联网、导航增强等功能进行示范验证，对商业模式展开积极探索。

"虹云工程"是航天科工集团提出的，计划发射156颗卫星，在距离地面1000千米的轨道上组网运行，构建一个星载宽带全球移动互联网络，实现网络无差别的全球覆盖。2019年，航天科工集团在酒泉卫星发射中心成功发射"虹云工程"首颗卫星，实现单星关键技术验证。在"十四五"末，将实现全部156颗卫星组网运行，完成业务星座构建。

（四）民营航天企业发展速度惊人

民营商业火箭企业不断涌现，星际荣耀、星河动力、蓝箭、零一空间纷纷成立，形成了民营航天发展的热潮。在接连发射

1.《商业航天行业研究：SpaceX以及低轨道小卫星星座启示录》，石康、黄艳著，兴业证券股份有限公司2018年版，第3页。

失败的苦涩中，终于在2019年7月25日，北京星际荣耀研制的"双曲线一号遥一长安欧尚号"运载火箭一飞冲天，将两颗卫星载荷精确发射入轨，这是中国民营航天力量经过多年艰苦努力后实现的一次重大突破。它表明，中国航天在日益强大的"国家队"之外，一批民营航天力量已露峥嵘。此次发射创造了中国民营商业航天历史上的两个"第一次"，即中国民营商业航天运载火箭第一次成功发射并高精度入轨；中国民营商业航天第一次"一箭双星"发射入轨[1]。"冰冻三尺，非一日之寒。"这两个"第一次"荣耀的背后是中国民营航天界人士多年努力奋斗的辛勤汗水。

九天微星、天仪研究院等民营航天企业主导的卫星成功研制。2016年11月，天仪研究院基于立方星体制作的一颗微小卫星——"潇湘一号"01星，由"长征十一号"运载火箭搭载发射成功，成为中国首颗商业化科学实验卫星。同时，在民营航天公司研制的卫星中，有一颗具有广泛影响、知名度颇高的卫星，这就是由九天微星研制的中国首颗教育共享卫星——"少年星一号"，是"中国少年微星计划"的重要成果。

四、商业航天的未来发展

（一）卫星互联网开启太空经济新"风口"

由于火箭价格的大幅下降，卫星互联网通过卫星链路代替

1.《首次发射入轨！中国民营火箭实现零突破　民营商业航天会否出现大变局》，陈惟杉、肖翙著，《中国经济周刊》2019年第14期，第22—23页。

大面积的地下光纤铺设，使全球普遍网络服务成为可能。现有地球网络已经相对成熟，而在未来的火星移民过程中卫星互联网的价值将进一步得以凸显。

2015年，SpaceX开启"星链计划"，1.2万颗通信卫星将被发射到轨道中[1]，同年，我国的"长征六号"创下了一箭20星的好成绩，2018年底，航天科工集团的"虹云计划"以及航天科技集团的"鸿雁计划"分别发射了低轨宽带通信卫星，国内民营航天及卫星互联网领域第一只"独角兽"企业银河航天，在2020年1月16日发射银河航天首发星，该卫星是中国目前通信能力最强的低轨宽带通信卫星。随着技术进步，商业航天正在为卫星互联网建设发挥越来越大的作用。

卫星互联网凭借高带宽、部署快、广覆盖等特点，通过天地一体化的设计，成为地面网络的有效补充，成功弥合信息时代的"数字鸿沟"。卫星互联网作为未来网络建设的重要一环，将驱动巨大的潜在应用市场。未来，在飞机、高铁、游轮上顺畅看视频直播将成为现实，商业航天可进入的领域也将不断扩大。

（二）太空旅游为平民飞天梦插上翅膀

根据马斯克介绍，随着SpaceX猎鹰火箭的商用成熟，火箭可以被用于洲际交通。跨洲交通从10小时的水平下降至1小时以内，大大方便了全球的交通市场。太空旅游在国际上已成为一个热门竞争的行业，未来会向着大众化、平民化、项目多样

1.《国外新兴卫星互联网星座的发展》，刘悦、廖春发著，《科技导报》2016年第7期，第141—150页。

化发展，及早在这一领域布局和行动的国家、机构等都在抢滩登陆，维珍银河、蓝色起源和SpaceX的行动都说明了这一点。

在这种太空旅游热潮之下，国内的一些企业也从中嗅到了商机。2018年，中国长征火箭公司正式组建成立，并随后提出相关的太空旅游规划。该公司的计划总共分三步[1]，第一步是在2024年之前，执行中国首次平民太空旅游项目，实现短途的亚轨道飞行；最终目标是在2035年之前，打造单次能容纳10至20人的长途旅游团。

（三）月球基地与火星移民等商业模式有望成为现实

近几年来，人类逐渐加快了火星探索的步伐，也不断探索着火星移民计划的可能性。2020年，中国、美国和阿联酋三个国家分别发射了各自的火星探测器。虽然每个考察队的目标不同，但他们将通过地形分析、样本采集和其他多样化的研究方法，扩充现有的信息数据。

这些探索任务也为载人航天器登陆火星铺平道路，马斯克预测这一计划将在2022年实现，2024年实现载人飞船登陆火星的宏愿，21世纪中叶有望向火星移民100万人。随着3D打印、自动化系统和尖端建筑技术的发展，一些建筑师已经开始探索各种方法促进人类在地球外的移民活动。同时，美国和我国科学家都在讨论在月球建立航天基地的可能性。航天基地可以作为宇航员的测试环境，为移民火星作准备。

1.《中国发布太空旅游三步走计划》，国际品牌观察编辑部（编），《国际品牌观察》2016年第12期，第89页。

（四）中国商业航天将迎来"黄金十年"[1]

"十四五"时期，国家政策继续鼓励支持商业航天有序发展，将不断推动航天军工单位科研生产设施向商业航天领域开放共享，统筹推进商业航天产业优化布局，开启我国商业航天发展的"黄金十年"。基于商业航天30强企业的研究分析，商业航天企业将在"十四五"时期重点关注以下两个方面：

（1）星箭制造企业变革传统星箭组织和生产模式，前置建设先进制造基础设施，注重星箭批量化生产工艺流程技术突破，按照标准化和模块化设计理念，用流水线方式进行星箭批量生产与组装，提高生产效率，降低研制成本；在测试方法和管理流程上，加入自动化设计，简化和确保星箭研制更贴近用户需求，生产中高端、高功能密度、高性价比的星箭装备；重新审视元器件供应链，积极引入适用的工业级器部件，加以可靠性加固设计，通过演示验证项目，得到飞行验证机会，测试空间应用的可行性与可靠性，为将来提高产品性能、降低产品成本打下基础。

（2）运营应用企业关注天基网络、空基网络与地面网络融合应用和跨界应用，逐步实现各类空间信息数据与行业传统数据互联互通，优势卫星运营及应用企业在地面终端、应用系统和运营服务等领域适时进行兼并重组，争取发展成为具有国际影响力的地面终端龙头企业、综合应用系统集成商和多领域运营服务商；加快推进"北斗"卫星导航与物联网、移动互联等的广泛融合及联动，提高行业运行效率，促进产业转型升级，

1.《中国商业航天30强企业经济发展研究》，孙剑锋、牛旼著，《中国航天》2021年第10期，第49—55页。

加快3S[1]产业与大数据、物联网、人工智能及区块链等新一代信息技术的融合，在智慧城市建设中，为构建"城市大脑"奠定技术基础；卫星运营及应用企业需要深入挖掘和引导用户需求，从研发卫星通信、导航、遥感单一领域产品转变为提供满足用户需求的综合解决方案，依托现有专业优势，投入相应的人力、财力、物力快速实现各类技术融合与突破，打造具有核心竞争力的综合应用系统。

中国商业航天未来的潜力是无限的。随着上游卫星制造、发射服务等产业链条的逐步成熟，相信将会有更多的商业航天企业结合中国国情和特色，开创出更多面向行业和市场的商业模式。随着政策法规的不断完善、投融资环境的不断优化，中国的商业航天产业也必然会迈向新的阶梯。未来的中国商业航天必将走向成熟，成为带动经济结构调整和产业结构升级、支撑构建现代化市场经济体系的中坚力量。

---

1. "3S"是空间技术、传感器技术、卫星定位与导航技术和计算机技术、通信技术相结合，多学科高度集成的对空间信息进行采集、处理、管理、分析、表达、传播和应用的现代信息技术的总称。

第 **8** 章

大变局中定方位

——对标分析谋发展

我们要深刻把握世界科技发展大势，弘扬科学精神，瞄准战略性、基础性、前沿性领域，坚持补齐短板、跟踪发展、超前布局同步推进，努力实现关键核心技术重大突破，提升国家创新体系整体效能，不断增强科技实力和创新能力，努力在世界高技术领域占有重要一席之地。

——习近平总书记在会见探月工程嫦娥四号任务参研参试人员代表时强调（2019年2月20日）

国际航天竞争环境日趋激烈，中国航天既面临被航天强国拉大差距的风险，也面临被新兴航天国家赶超的可能。为了争取未来发展主动，应客观研判中国航天历史方位和世界航天发展现状趋势，为中国航天未来发展奠定理论和现实基础。

一、世界航天强国的发展现状

（一）导弹装备系统呈现一体化发展趋势

世界各国政治军事目的不同、作战使命不同、导弹武器发展基础不同，各国导弹武器发展技术取向呈现多元化趋势：有的沿着第四代信息化网络化技术路线进行升级改进；有的采取创新技术，发展具有明确战略意图的全新导弹武器。但不论是哪一种类型导弹武器，均向着一体化、多用化、小型化方向发展。

美国作为唯一的超级大国，建立了体系完备、质量可靠的导弹武器装备及作战体系。美国追求全面、绝对优势，在世界军事竞争中始终处于主导地位，目前正在加紧部署反导弹武器系统，积极创新和研制新概念导弹武器和技术，如超光谱成像（HIS）技术、电磁轨道炮、高超声速导弹、核动力导弹武器等。

俄罗斯继承了"冷战"时期超级大国的主要军事实力和科技基础，虽然受北约东扩、经济问题等一系列制约，但其仍是世界一流军事强国，在导弹武器装备设计方面有其独到之处，有着完善的导弹体系及较多令美国害怕的"撒手锏"装备。目前防空反导导弹技术、潜射导弹技术、超声速反舰导弹技术处于世界领先地位，核导弹和战略弹道导弹有与美国抗衡的实力；法国在其导弹武器装备体系方面，研发独立性较强，总体装备水平和实战能力与其大国地位相适应，目前在导弹武器装备方面多与其他欧洲国家合作进行，并持续发展先进战略导弹技术。

中国自1958年4月仿制苏联"P-2"近程地对地战略导弹开始，经过几代航天人的辛勤耕耘，已发展出"东风""红旗""霹雳""鹰击""巨浪"系列等涵盖弹道导弹和巡航导弹的家族谱系，并形成空中发射、陆基发射、水面发射和水下发射四种发射方式齐备的导弹发射体系，目前我国在中距离中近程弹道导弹、反舰巡航导弹等领域处于世界领先地位。

（二）主要国家已基本拥有航天运输系统

美国、俄罗斯、欧洲、中国、日本、印度等国家已拥有能发射卫星的航天运输系统。全世界范围内已先后研制出近百种运载火箭、航天飞机、宇宙飞船等，修建50余个大型航天器发射场，进行了5800余次航天发射，促进了军事、经济和科技发展，对提高国防建设和人类生活水平也产生了深远影响。

美国和俄罗斯起步较早，在航天运输系统领域遥遥领先，中国和欧洲起步较晚，目前正在抓紧追赶，日本和印度航天运输系统发展情况较其他国家差距较大。至2020年6月底，全球航天运载器累计发射5848次，成功5365次，发射成功率为91.74%，其中美国累计发射1643次，成功1472次，成功率为89.59%；俄罗斯累计共发射3300次，成功3075次，成功率为93.18%。美、俄两国的发射总量之和占全球累计发射总数的84.53%，可以看出两国对航天的重视以及其超

强的航天实力。而我国发射359次，成功334次，成功率为
93.04%，在发射次数上稍显不足，但是在发射成功率上具有
较强的竞争力。

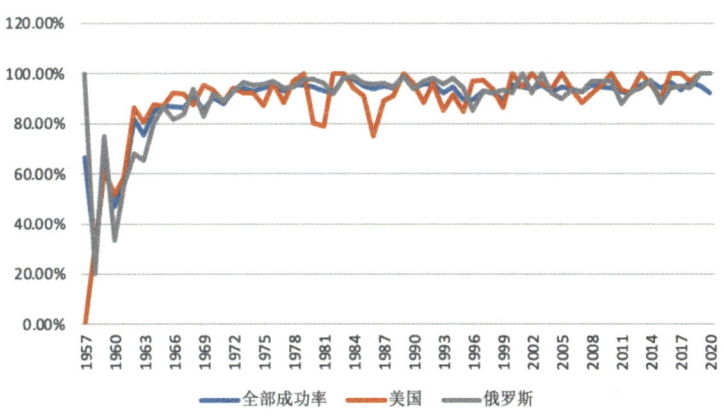

* 世界主要国家航天运载器历年发射统计（截至2020年5月31日）。图片来源：
自制

在产品性能和运载能力方面，我国目前运载能力最大的型
号为"长征五号"运载火箭，近地轨道运载能力为25吨，与美
国现役最大运载能力的"法尔肯"重型运载火箭相比仍有较大
差距，"法尔肯"重型运载火箭近地轨道运载能力达到63.8吨，
地球同步轨道运载能力达到26.7吨，而与美国已退役的"土星
五号"、航天飞机等型号相比差距更大，这也进一步体现了我国
运载火箭的运载能力存在很大进步空间。世界主要运载火箭发
射统计及运载能力如表8-1-1所示[1]。

1.《我国航天运输系统成就与展望》，秦旭东、龙乐豪、容易著，《深空探测学报》
2016年第3期，第315—322页。

表8-1-1 世界主要航天强国航天运输系统能力表

国家	发射次数	成功率	主要型号	近地轨道	地球同步轨道
美国	1643	89.59%	法尔肯重型运载火箭	63.8t	26.7t
俄罗斯（苏联）	3300	93.18%	质子号运载火箭	21t	6t
欧洲	306	92.81%	阿丽亚娜五号运载火箭	21t	10.5t
日本	121	90.08%	H2B运载火箭	19t	8t

* 发射次数及成功率截止到2020年5月

（三）卫星系统进入体系化和全球化阶段

1958年，美国"探险者1号"首次发现了地球辐射带，这是人造地球卫星上天以来的第一个重大发现。随着全球卫星技术不断突破，全球卫星系统得到了长足的发展[1]，已进入体系化发展和全球化服务的新阶段。卫星遥感向地球整体观测和多星组网观测发展，逐步形成立体、多维、高中低分辨率结合的全球综合观测能力；卫星通信广播各类业务趋于融合并向宽带多媒体方向发展，下一代移动通信卫星星座正在加紧部署；卫星导航从美国主导的单一GPS（全球定位系统）时代迈向美国、俄罗斯、中国、欧洲四大全球系统和日本、印度两大区域系统竞相发展的新时代。

根据UCS在轨卫星数据库提供的资料显示，截止2020年4月底，全球共有2665颗在轨卫星。全球60余个国家（地区）拥有在轨卫星，并且正在有越来越多的国家拥有卫星。目前全球排名前六的国家卫星首发时间、名称及在轨运行有效载荷的

1.《国家民用空间基础设施中长期发展规划（2015—2025年）》,《卫星应用》2015年第11期，第64—70页。

数量如表8-1-2所示。

表8-1-2　各航天强国在轨卫星数量及首次发射情况

国家	首发时间	第一颗卫星名称	在轨运行的有效载荷数量
美国	1958年	Explorer 1	1307
中国	1970年	Dong Fang Hong I	356
俄罗斯（苏联）	1957年	Sputnik 1	167
英国	1962年	Ariel 1	130
日本	1970年	Ohsumi	78
印度	1975年	Aryabhata	58

卫星应用方面，美国、俄罗斯卫星用途以通信为主，均占据其卫星数量的1/2；中国的通信卫星较少，卫星应用以地球观测为主，占据总量的1/2；印度在通信及地球观测两方面相对持平，是其主要应用领域；欧盟以导航定位卫星为主，占据其卫星数量1/2，地球观测卫星次之；日本则以地球观测为主，通信和技术试验卫星次之，且两者数量相对持平。总体而言，主要航天国家卫星应用领域主要集中在通信、地球观测、技术实验、导航定位（全球/区域）、空间科学[1]。

（四）载人航天延续美俄中三国竞争形势

国际载人航天从20世纪50年代开始，搭载工具主要为载人飞船、空间站和航天飞机三种，发展历史可以分为载人航天

1.《俄罗斯制定2030年前及未来航天发展战略》，赵爽、崔晓梅著，《国际太空》2012年第7期，第28—31页。

准备阶段、载人飞船发展时期、空间站实验阶段、航天飞机试验阶段和空间站阶段。1994—1995年间，俄罗斯的波利亚科夫在"和平"号空间站上连续停留438天，成为在太空滞留时间最长的宇航员；1995年6月29日，美国"亚特兰蒂斯"号航天飞机和俄罗斯"和平"号空间站第一次对接，此后，又进行了总计9次的航天飞机和空间站对接，为建造国际空间站拉开了序幕。1998年正式建立国际空间站，2010年完成建造任务转入全面使用阶段。国际空间站参数如表8-1-3所示。

表8-1-3　国际空间站参数

乘员	6人
建造时间	1998—2011年
质量	227267kg
长度	73m
宽度	102m
增压舱容积	750m³
大气压	101.3kPa
近地点、远地点	347km、358km
轨道倾角	51.6°
平均速度	7.7km/s
周期	91.34min
在轨天数	3808天
有人照料天数	3097天
飞行圈数	60098（2009.4.24）
接待驻站队伍数量	19支

1992年9月，中央决策重新开始实施载人航天工程，并确定了我国载人航天"三步走"的发展战略。经过三十年的发展，

2021年6月17日，航天员聂海胜、刘伯明、汤洪波先后进入"天和"核心舱，标志着中国人首次进入了自己的空间站。随着国际空间站的即将退役，在之后很长一段时间内，中国空间站或将是世界范围内唯一的一个空间站。

（五）深空探索是人类航天长久发展必然选择

人类深空探测活动可分为三个阶段。第一阶段从1958年到20世纪70年代末，以美苏太空竞赛为主导，20多年间发射次数高达174次；以1969年"阿波罗十一号"实现载人登月和1977年"旅行者一号""旅行者二号"发射为代表，载人深空探测和无人深空探测取得重大进展。第二阶段是20世纪80年代，随着载人登月竞赛结束，深空探测相对沉寂；10年内仅发射13次，主要以金星、火星和哈雷彗星探测为主，月球探测完全停滞。第三阶段从20世纪90年代至今，新一轮以科学发现为主要目标的深空探测活动逐渐复苏，欧洲、日本、中国、印度和以色列等国家和地区纷纷加入深空探测队伍。

迄今为止，已独立或合作开展深空探测活动的国家和组织主要有美国、苏联/俄罗斯、欧洲航天局、日本、中国和印度。与一般航天任务相比，深空探测具有高风险性，需要在科学探索和技术验证间综合权衡，时间跨度大，公众和社会关注度高[1]。

美国是迄今为止唯一一个对太阳系内所有行星进行过探测试验的国家。此外，美国还对太阳、小天体和星际空间开展过

1.《国家民用空间基础设施中长期发展规划（2015—2025年）》,《卫星应用》2015年第11期，第64—70页。

大量探测，实现了月球、火星、小行星和土卫六探测器着陆，以及彗星粒子采样返回，美国在太阳系探测领域取得了大量科学成果，在全球深空探测领域处于绝对领先地位；俄罗斯（苏联）对月球、火星和金星进行了大量探测，特别是在月球和金星探测方面取得了巨大成就，占据领先地位；欧洲的深空探测起点很高，定位精准，技术扎实，成功率是航天大国中最高的，对月球、火星、金星、彗星、太阳都进行了探测；日本近年来在深空探测方面有很多进展，除了进行常规的月球探测以外，还进行了小行星探测，并取到了小行星样本[1,2]。

中国的深空探测起步于月球探测，按照探月工程"绕、落、回"三步走的任务规划，自2003年启动探月工程一期研制以来，已成功实施了7次探测任务，并完成月球采样。与此同时，正在按计划开展后续月球、小天体、火星、木星甚至更远的深空探测任务。

二、新时代中国航天的发展方向

发展航天事业，建设航天强国，是我们不懈追求的航天梦。自1956年中国航天创建以来，经过66年艰苦奋斗和持续发展，我国航天事业取得了长足的进步和巨大的成就，在世界航天领域占有重要的一席之地，成为名副其实的航天大国，但距

1.《深空探测让人类走得更远》，火玥著，《军事文摘》2020年第10期，第4—9页。
2.《2019年国外空间探测发展综述》，张扬眉著，《国外太空》2020年第2期，第24—29页。

离航天强国仍有一定的差距。面向建设航天强国的历史使命和经济社会发展的重大需求，提升能力，加速转型发展，是中国航天的迫切需要和必然要求。

（一）中国航天需构建体系完整、性能卓越的航天运输系统

航天运输系统是航天强国建设的重要支撑，运载火箭的能力有多大，航天发展的舞台就有多大。当前，以美国为代表的航天强国已基本完成大中型运载火箭更新换代，建立了较完整的运载火箭型谱和体系。与世界主要航天强国相比，我国现有运载火箭的运载能力存在重叠和空档，运载火箭型谱仍不完整。同时，对理论基础的研究还不够深入，大推力发动机、大直径箭体结构、快速测试发射、火箭智慧控制等多项关键技术都亟待攻克，总体继承模式有待优化。发射服务成本优势也正在丧失。为此，中国亟须探索以电磁发射、核热推进等为代表的新概念运载器，满足未来高性能、长寿命的运载需求。

当前及未来一段时期，我国应统筹考虑航天运输系统发展规划，采取分步实施策略，牵引带动航天运输系统有序、快速、健康发展。以低成本设计理念，构建新一代中型运载火箭型谱，运载能力覆盖范围满足国内外发射市场需求。加紧重型火箭研制及飞行试验，大幅提升进入空间能力，为载人登月等深空探测任务提供强有力支撑。在可重复使用研制方面，实现运载火箭子级可重复使用的工程应用，降低一次性运载火箭进入空间成本；完成火箭动力可重复使用运载器演示验证和工程实际应用、小尺寸组合动力可重复使用运载器的技术验证，初步具备水平起降航天运输能力。

（二）中国航天需建设全球覆盖、天地一体的国家空间基础设施

当前，应用主导、体系化发展、天地一体化建设和全球化服务已成为世界应用卫星发展的典型特征，连续、定量、业务化趋势明显。与世界主要航天强国相比，中国通信广播卫星在覆盖范围、体系完备性、系统能力、技术水平等方面存在明显差距，遥感卫星在多星协同观测、观测谱段、观测精度等方面存在差距，遥感图像品质和定量化服务能力尚待提升。

未来一段时间内，我国将有序推进天基信息网、未来互联网、移动通信网的全面融合，形成覆盖全球的新一代天地一体化信息网络。建设完善全天候、全天时、广要素的天基对地观测系统，结合空基、地面等观测系统，共同构建全球高精度无缝实时信息感知网络。以北斗系统为核心，多种定位导航授时手段相互增强、补充、备份和融合，建设国家时空体系。步入航天强国前列后，将建成技术先进、全球覆盖、高效运行的国家空间基础设施，业务化、市场化、产业化发展均达到国际先进水平。

（三）中国航天需建设全球服务、精准高效的空间信息服务体系

近年来，卫星产业规模和发展水平加速提升，卫星应用技术不断创新，应用范围不断扩大，空天地一体化信息融合、共享和综合应用成为共识，航天技术与信息技术融合发展、天基信息与地面信息继承应用成为卫星广泛应用和创新发展的推进剂。与世界主要航天强国相比，我国支撑卫星应用主体业务的基础设施支撑能力有待提高，大容量信息传输、高精度信息提

取、大规模数据服务、天地一体化应用基础技术等创新研究不足。卫星应用产品和服务体系不够完善,政策法规和行业标准规范有待健全,与经济社会信息化建设的融合能力有待加强,产业化发展水平有待提升。

未来一段时间内,针对通信、导航和遥感卫星系统各成体系,信息分离和服务滞后等问题,我国将加强空间信息服务体系与科技、经济、社会等各领域的融合,建设应用覆盖全球、以"一带一路"建设为重点的空间信息服务网络,推动空天信息和产业发展从专业服务和国家扶持向大众服务、市场化、国际化发展。

(四)中国航天需掌握提升太阳系广域探测核心技术

随着自主探测火星任务、工程的立项和实施,中国深空探测研究和探索已进入快车道。然而,我国长期载人航天飞行经验和载人登月能力尚处于空白[1],科学数据积累相对缺乏,探测距离和技术水平与国外先进水平相比差距明显。深空探测器总体设计优化能力仍有待提高,元器件、材料等基础工业仍有短板,缺乏对深空探测任务地面研制保障条件的系统性研究和相应的建设经验,地外天体(月球、火星、小行星等)原位资源利用技术研究有待开展,系统设计和工程支持能力有待进一步提升。

未来一段时间内,中国将以火星探测为切入点,突破太阳系广域探测与载人深空探测核心技术,统筹开展小行星、木星

1.《航天强国发展与启示》,戴阳利、于淼著,《卫星应用》2014年第3期,第7—14页。

系统等的探测，建立较为完善的深空探测工程技术与科学研究体系[1]。第一阶段，围绕太阳系的起源等空间科学重大问题，系统开展无人太阳系探测，重点突破深空探测通信、自主导航与控制等核心技术，推动中国空间技术、空间应用和空间科学快速发展[2]。第二阶段，继续保持对太阳系及系外空间未知领域及人类移民宜居天体的关注，突破火星取样返回、小天体监测与防御、地外生命循环保障与驻留平台、深空智能机器人系统等技术，逐步开展太阳系广域探测乃至载人深空探测预备活动[3]。

（五）中国航天需研制建设在轨维护与服务系统

随着在轨服务与维护技术研究不断深入，世界主要航天强国重点开展了智能灵巧机械臂、多功能末端执行器、大时延操作等关键技术攻关，一方面通过大型复杂部组件在轨制造与加工、空间系统在轨组装与构建，提升空间资产的使用效益；另一方面建设轨道服务基础设施体系，积极探索商业服务模式。随着中国在轨航天器的增多，对高价值航天器的在轨延寿、在轨加注和在轨维修维护提出了需求。中国亟须在该新兴领域开展关键技术研究，推动基于空间机器人的在轨服务与维护技术向智能化、模块化和协调化方向发展，促进空间系统从一次性发射使用向全生命周期可维护转变。

未来一段时间内，我国将逐步建设在轨维护与服务试验设

1.《中国工程科技2035发展报告·航天与海洋领域报告》，科学出版社2021年版。
2.《我国航天器发展对材料技术需求的思考》，李明著，《航天器工程》2016年第25期，第1—5页。
3.《中国工程科技2035发展报告·航天与海洋领域报告》，科学出版社2021年版。

施，不断扩展规模，最终建立起完善的空间设施。第一阶段，重点突破故障卫星轨道救援、在轨加注与模块更换维修技术。第二阶段，重点突破在轨维修服务综合应用技术，形成服务飞行器、轨道维修补给站等基本型，具备重要轨道维护与服务能力。第三阶段，重点突破在轨加工与构建、在轨回首再利用技术，建成轨道维护与服务体系，具备空间飞行器维修服务、轨道维护和空间系统在轨构建等能力[1]。

21世纪以来，世界各主要国家均在大力发展航天事业，并且在航天领域取得了丰硕成果。在世界航天方阵中，我国已成为航天大国，并处在由航天大国向航天强国转变的道路上，中国一批航天重大计划正逐步接近设定目标，更长远的探索计划蓄势待发。星空浩瀚无比，探索永无止境，中国航天人将继续秉承初心，努力发展航天事业，早日实现航天强国梦想。

1.《中国工程科技2035发展报告·航天与海洋领域报告》，科学出版社2021年版。

第 9 章

不积跬步，无以至千里

——中国航天积累的实践经验

经过几代航天人的接续奋斗，我国航天事业创造了以"两弹一星"、载人航天、月球探测为代表的辉煌成就，走出了一条自力更生、自主创新的发展道路，积淀了深厚博大的航天精神。

　　——习近平总书记在首个"中国航天日"之际作出重要指示（2016年4月24日）

中国航天事业自1956年创建以来，始终坚守航天报国的初心，在党中央的坚强领导下，从无到有、从小到大、从弱到强，创造了以"两弹一星"、载人航天、月球探测、火星探测为代表的一系列举世瞩目的辉煌成就，有力支撑了国防能力提升和国民经济建设，为服务国家发展大局和增进人类福祉作出了重要贡献。

党的十九大以来，习近平总书记站在中华民族伟大复兴和国防军队现代化的战略全局高度，着眼于国际航天战略格局和我国航天发展现状，提出一系列新思想、新观点、新论断，规划了发展战略步骤，提炼概括了航天精神，为航天事业的发展指明了方向，提供了遵循。

站在两个一百年的历史交汇点，回顾中国航天事业的发展历程、主要成就，提炼中国航天特色的思想方法、工作方法和领导方法，探究中国航天事业发展的内在规律、辩证思维和精神动力，对于客观认识当前的发展水平，推动新发展阶段中国航天事业持续快速高质量发展具有重要意义。

一、坚持党的英明统一领导

中国航天事业经过六十余年的发展，从航天弱国迈入航天大国之列。中国航天之所以能够完成各种艰巨的任务，关键在于始终坚持党建引领、政治动员，通过强化组织保障和思想保障，不断增强事业发展的凝聚力和向心力。始终坚持党建引领、政治动员，是航天事业发展壮大的坚实保障。中国航天事业的发展史，就是一部坚持党的领导、坚定沿着党中央指引的方向前行、不断从胜利走向新的胜利的历史。

（一）在艰难困苦中坚持自力更生

从1949年10月到1978年12月，是党的社会主义革命和社会主义建设时期。这一时期，中国共产党和中国人民在发奋图强中创业，在奋起斗争中直追，完成了改天换地的兴国大业。在一穷二白基础上，党领导和开创了中国航天事业，为中国人民挺直腰杆"站起来"创造了航天奇迹。

中华人民共和国成立之初，我国正处于百废待兴、百业待举的起步时期，国防科技领域几乎一片空白。19世纪50年代中期，朝鲜战争带来的巨大隐痛使中央高层清醒地认识到，没有强大战略核威慑力量保障的国防，就没有国家真正的和平发展，人民的幸福和民族的振兴就无从谈起。毛泽东指出："国防不可不有。我们现在已经比过去强，以后还要比现在强，不但要有更多的飞机大炮，而且还要有原子弹。在今天的世界上，我们要不受人家欺负，就不能没有这个东西[1]。"伴随着周边的战火硝烟，顶着西方的严密封锁与核讹诈，以毛泽东为核心的党的第一代中央领导集体高瞻远瞩，审时度势，在极其困难的条件下，英明果断地作出发展我国航天事业的战略决策。1958年，在苏联、美国相继发射自己首颗人造地球卫星后，毛泽东同志在中共八大二次会议上发出了"我们也要搞人造卫星"的号召。

"自立更生为主，力争外援和利用资本主义国家已有的科学

1.《论十大关系》，毛泽东著，人民出版社1976年版，第27页。

成果",在党中央的精心运筹谋划下,国防部五院的基石终于铺就,新中国航天事业正式起航。在党中央坚强领导下,老一辈航天创业者从学习苏联起步到"以苏为鉴",从社会主义革命到大规模社会主义建设,跟随新中国建设的脚步,运用有限的科研和试验手段,在发奋图强中创业,在苦难挫折中拼搏,突破了一个个技术难关,创造了一个个人间奇迹,放飞我国首枚近程地对地弹道导弹"东风一号",规划实施"八年四弹",发展"两弹一星"事业,见证了"一穷二白"的新中国初步建立起独立且比较完整的工业和国民经济体系,于封锁、威胁和孤立中挺起中华民族的脊梁。

在那个国家经济、技术极其落后,物质条件异常匮乏、工作条件异常艰苦的情形下,20世纪60年代的中国航天人能够创造一个个彪炳史册的人间奇迹,最根本的保证就是党中央的高度重视、坚强领导和有力支持。正如"两弹"研制克服重重困难,力争加速进程时,国防工业和国防科研战线出现了"两弹"是继续"上马"还是"下马"之争。面对来自各方面特别是高层的激烈争论,毛泽东斩钉截铁,一锤定音:"在科学研究中,对于尖端武器的研究试制工作,仍应抓紧进行,不能放松或下马!""两弹"上下马之争由此烟消云散。

(二)在转折变化中坚持自主创新

从1978年12月到2012年11月党的十八大召开,是改革开放和社会主义现代化建设新时期。这一时期,我们党带领全国各族人民解放思想,锐意进取,不断推进翻天覆地的富国大业。在党中央的亲切关怀、科学领导下,伴随经济和国防建设的深入推进，中国航天事业逐步实现了从导弹工业到航天产业、从国防安全向富国强军、从传统封闭模式向开放融合模式的历史跨越，为支撑"富起来"发挥战略支柱作用。

　　1972年，美国总统尼克松访华，当时中国的通信水平无法完成实况转播的任务，不得不租用美国的活动性卫星地面站。这次举世瞩目的外交活动极大地刺激了中国航天界：我们中国人不能在地球静止卫星轨道上缺席！1977年，通信卫星研制正式被列为20世纪80年代中国航天"三抓"任务[1]之一。1978年，党的十一届三中全会作出把党和国家工作重心转移到经济建设上的伟大决定，吹响了国家改革开放的号角。改革开放为中国航天注入"推进剂"，引领中国航天以服务国家经济社会发展和提高人民生活水平为己任，全方位、多领域地为国民经济建设贡献力量。1982年1月，邓小平明确提出国防工业要贯彻"军民结合、平战结合、军品优先、以民养军"的十六字方针[2]，提出航天科技工业要转向为经济建设服务的主战场。根据邓小平的指示，航天系统全面进行了改革，逐步确立以经济建设为中心的工作格局，科研生产秩序走上正轨，基层实施厂所长负责制改革，突破了"等、靠、要"的计划经济模式。在空间技术方面，中国航天人把力量集中到实用、急用的应用卫星上，重点发展应用卫星体系。1984年，"长征三号"火箭成功将我国第一颗地球同步轨道通信卫星送入太空，标志着我国运载火箭技术已

---

1. "三抓"工程：在20世纪80年代前期抓好洲际导弹、潜地导弹、通信卫星三项重大任务。
2.《中国航天事业发展的哲学思想》，《中国航天事业发展的哲学思想》编委会（编），北京大学出版社2016年版，第191页。

经跨入世界先进行列。面对各行各业对通信卫星的迫切需求，国内落后的电子元器件生产能力制约着通信卫星的发展。伴随"买星"还是"造星"争论的日益激烈，1986年3月31日，国务院下发文件，明确通信卫星要"中国造"。在这一背景下，"东方红三号"正式诞生，中国航天人仅用了8年时间，就实现了我国通信卫星研制技术新的跨越，为中国航天事业提供了一个高度可靠、可以稳定服务多种用途的通信卫星平台。中国卫星应用和应用卫星技术从此走上蓬勃发展的道路。

党的改革开放政策为中国航天对外交流与国际合作，提供了很好的机遇。1986年，正在世界航天事故频出，形势低迷之时，中国火箭异军突起，开始了向世界火箭市场进军的艰难征程。为了抓住难得的市场机遇，航天人"拿着草图签合同、拿着合同找贷款、拿着贷款造火箭"。面对与美国公司签订的严苛合同，航天人既丢不起人，也赔不起钱，打响了一场"抢出长二捆，成功壮国威"的硬仗。1990年6月29日，新型大推力火箭长二捆在合同规定的前一天竖在了发射台上，中国航天正式亮相世界舞台。美国的火箭专家史密斯大为感叹："这简直就是奇迹。"从此，中国航天工业从试验性阶段进入商业时期。

"科学技术是第一生产力"。20世纪80年代，党中央作出跟踪发展世界战略性高技术的部署，并将航天技术作为重要发展领域，立项实施了一批航天重大工程。1992年9月21日，中央正式批准中国载人航天工程，确立"三步走"的发展战略。为了实现中华民族的千年飞天梦想，工程各系统展开了艰苦卓绝的科研攻关和众志成城的大力协同。载人航天工程实施后，中国科学家根据国家发展需求开始提出"嫦娥奔月"的构想，经过长期准备、反复论证，形成"绕、落、回"整体方案。2004年1月，国务院批准绕月探测工程立项，命名为"嫦娥工程"。16年探月征途，6次发射任务，成功率100%，成为我国航天器高质量自主创新研制的典范。1994年，国家批准立项，北斗卫星导航系统建设的大幕正式拉开，实施"三步走"计划，再次让世界见证了"中国高度""中国速度""中国精度"。

　　1999年，作为市场经济主体的航天科技、航天科工两大集团公司正式成立。历经多次体制变革，中国航天逐步实现了从国防研究院到工业部，再到大型企业集团的转变。在党中央对科技发展趋势和国内外形势的准确分析研判下，中国航天科技战线加强技术创新、发展高科技，加快武器装备发展步伐，适应中心工作转移、推动军民结合发展，开辟了自主创新的发展之路。

（三）在快速发展中坚持勇攀高峰

　　党的十八大以来，中国特色社会主义进入新时代。中国共产党带领中国人民坚持自信自强、守正创新，向着中华民族伟大复兴的强国目标勇敢迈进。置身新时代，中国航天事业在党的全面领导下大力推动高质量发展，为中华民族走向"强起来"提供战略支撑。

　　特别是2016年以来，中国航天进入创新发展"快车道"，空间基础设施建设稳步推进，北斗全球卫星导航系统建成开通，高分辨率对地观测系统基本建成，卫星通信广播服务能力稳步增强，探月工程"三步走"圆满收官，中国空间站建设全面开启，"天问一号"实现从地月系到行星际探测的跨越，取得了举世瞩目的辉煌成就[1]。党的十九大作出加快建设航天强国的决策部署，呼应了强国梦想，坚定了全党意志，反映了人民期盼，为航天事业的发展指明了方向，明确了目标，提供了遵循[2]，成为鼓舞全党全军全民的奋斗目标。

在以习近平同志为核心的党中央坚强领导下，在党中央加快建设科技强国和航天强国的指引下，中国航天人坚持自信自强、守正创新，在人类攀登科技高峰的征程中，不断刷新中国高度，取得新的辉煌成就。创新突破，国家科技重大专项和重大工程成就不断刷新中国航天的高度，民用空间基础设施建设持续完善；服务发展，卫星通信、卫星导航和卫星遥感全面服务国计民生，助力国家治理体系和治理能力现代化，不断满足人民美好生活需要；开放合作，高分专项和空间基础设施为"一带一路"空间信息走廊建设提供重要支撑，推动构建人类命运共同体。

始终坚持党的领导、科学决策，是航天事业发展壮大的根本保证。中国航天事业发展史，就是一部坚持党的领导、坚定沿着党中央指引的方向前行、不断从胜利走向新的胜利的历史，充分彰显了历届中央领导集体的英明领导和科学决策。发展航天事业，建设航天强国，必须毫不动摇坚持党的全面领导，全面推进党的建设新的伟大工程，坚定不移推动党建工作和业务工作"两融合、两促进"，以高质量党建引领中国航天高质量发

1.《2016中国的航天》，中华人民共和国国务院新闻办公室（编），《中国航天》2017年第1期，第8页。

2.《党领导新中国航天事业发展的历史经验与启示》，中国国家航天局著，《军工文化》2021年第7期，第30—35页。

展，以航天梦助推中国梦，努力成为党和国家可信赖可依托的重要力量，率先成为全面建成社会主义现代化国家的排头兵、先行者。

坚持党的领导、加强党的建设，是中国航天事业的光荣传统、独特优势、力量所在。发展航天事业，建设航天强国，要坚定不移坚持和加强党的全面领导，全面推进党的建设新的伟大工程，以高质量党建引领保障航天事业高质量发展，推动航天事业朝着以习近平同志为核心的党中央指引的方向奋勇前进。

二、充分发挥制度优势

航天是千人一枚箭、万人一杆枪的事业，是大融合大联动的创新，是发挥举国体制优势、组织全国大协作的成功典范。历史充分证明，社会主义制度能够集中力量办大事，能够实现国家意志、战略目标、市场活力的有机统一，形成集中优势力量开展"大兵团"联合攻关、全国"一盘棋"协同攻坚的良好局面。

（一）集中力量办大事

新中国成立初期，我国工业基础十分薄弱，航天产业由于所需原材料和元器件的特殊性，配套的上游企业缺乏创新意识，零部件供应市场出现严重失灵。中国航天事业借助举国体制优势，由中央调配全国的物质资源和精神意志，建立起攻克尖端领域项目难题的体制机制。政府的干预有效弥补了市场失灵，实现了技术创新资源的合理配置。改革开放后，尽管我国工业基础有了很大改善，但航天事业尖端技术和基础工业之间的矛盾依然存在。在特定的经济社会环境下，社会主义制度再一次在资源调动效率和能力上展现了其优越性，对市场经济起到了有益补充。

时至今日，采用举国体制方式、利用制度的优越性解决我国基础工业技术短板难题依然是航天事业取得成功的方法之一。依靠全国力量、组织全国大协作，充分体现了社会主义制度集中力量办大事的优势，也是在我国国情下发展航天事业的需要。依靠同舟共济、团结协作的精神，中国航天事业在如此短的时间内取得了卓越显著的历史成就。钱学森曾评价"中国比美国更适合搞导弹，因为社会主义可以举全国之力"。

＜拓展阅读＞

组织航天大协作

航天工程规模宏大、系统复杂、高度集成，需要全国数千家单位、几十万科技大军承担研制、建设、试验任务。从"两弹一星"到载人航天，从探月工程到火星探测，举国体制、大力协同始终贯穿于航天事业发展全过程。在"两弹一星"工程中，先后有29个部委、20多个省市区、1000多个研究院所、大专院校和工厂矿山的精兵强将参与协同会战。在载人航天工程和探月工程中，直接参与研制的单位有100多个，联合协作的单位有3000多家，涉及数十万技术和技能人员。据不完全统计，作为我国最大的宇航产品生产企业，航天科技集团下属厂所级单位只有

100多家，但是全国协作配套单位达到7000多家，其中民营企业超过一半。

（二）充分发挥新型举国体制优势

经过60多年发展，中国航天已从过去的"跟跑"为主，向"并跑"转变，部分领域甚至实现了"领跑"的跨越，走出了一条中国特色的航天事业跨越发展之路，举国体制优势始终是中国航天事业发展的"王牌"。进入新发展阶段，中国航天人将政治制度优势与市场机制相互协同，发挥新型举国体制优势，针对关键领域、关键技术发展难题加强协同攻关，提高创新链整体效能，推进创新型国家建设。

与"传统举国体制"相比[1]，新型举国体制注重发挥市场在资源配置中的作用，更加强调科技创新，更需要弘扬科学家精神、激发创新主体的创新活力，更加依靠政府主导、多元主体协同参与，更加需要新兴科技力量的融入，能够实现人力、物力、财力的最佳结合，是成就家国梦想、推进伟大事业的保障。

在中国特色社会主义进入新时代的背景下，发展航天事业，建设航天强国，必须毫不动摇坚定制度自信，更加注重发挥社会主义市场经济条件下新型举国体制优势，更好协调发挥有为政府和有效市场作用，强化航天科技战略力量，最大程度地实现资源要素集约化、创新力量规模化，把社会主义制度优势转化为中国航天发展优势。

1.《"新型举国体制"下建设航天强国的思考》，张洪太著，《国资报告》2020年版第6期，第20—23页。

三、坚持自立更生、自主创新

经过几代航天人的接续奋斗,我国航天事业走出了一条自力更生、自主创新的发展道路[1]。航天道路是中国特色社会主义发展道路的一个缩影,以它独特的发展轨迹融入了中国特色社会主义的康庄大道。历史充分证明,自力更生、自主创新是中国航天的固有基因和文化传承,只有把关键核心技术牢牢掌握在自己手中,才能保障我国航天的自主可控发展。

(一)在自力更生中起步

20世纪50年代中期,以毛泽东为核心的党中央提出"自力更生为主、争取外援为辅"战略方针。聂荣臻说:"我们不搞闭关锁国,但是我们的立足点必须放在自力更生的基础上。"党中央的英明决策使我国航天事业在实现快速起步的基础上走出了一条独立自主创新发展的道路。1958年5月17日,毛泽东在党的八大二次会议上庄严宣布:"我们也要搞人造卫星[2]。""我们也要搞"就是自主、自力更生地搞。

事实证明,中国航天事业发展选择了一条正确的道路。中国航天人在自力更生方针的指引下,顶住了苏联撕毁协议、撤回专家和技术封锁造成的压力,在模仿和竞争中,不断增加知识存量,逐渐建立起核心知识和技术能力,迅速从仿制转到自行设

1.《坚持创新驱动发展　勇攀科技高峰　谱写中国航天事业新篇章》,《人民日报》2016年4月25日,第1版。
2.《毛泽东年谱(1949—1976)》第3卷,中央文献研究室(编),中央文献出版社2013年版,第351页。

计，独立研制成功"两弹一星"，为自主创新打下坚实基础。

1966年10月27日，两弹结合试验成功后，经周恩来审定的《新闻公报》称：中国人民解放军、科学技术人员和广大职工"发扬自力更生、奋发图强、群策群力、大力协同的精神，保证了这次试验的圆满成功。"1970年4月24日，"东方红"卫星发射成功后，在即将发表的《新闻公报》稿上，周恩来加上了"坚持独立自主，自力更生"的字句。两次新闻公报稿的内容，真实反映并充分展现了中国航天人的精神风貌。

（二）在自主创新中发展

创新是一个民族进步的灵魂，是一个国家兴旺发达的不竭源泉，也是中华民族最鲜明的民族禀赋。我国航天事业成就的根本点就是自力更生、自主创新。一部中国航天发展史，也是一部中国航天人自力更生、自主创新的历史。进入新时期，中国航天坚持自主创新的战略基点，深刻把握自主创新、协同创新与开放创新的辩证关系，积极应对《考克斯报告》[1]、"沃尔夫条款"等对我国航天发展的影响，始终瞄准世界科技前沿，敢于挑战前沿无人区，攻克了一道道技术难关，独立自主地掌握了航天尖端科技，在一些重要领域达到国际先进水平，在较短的时间内，以较少的投入，高标准、高质量、高效率实施了载人航天、北斗导航和月球探测等重大工程任务，取得了"飞天圆梦""嫦娥揽月"到"祝融巡火"等一系列成就，走出了一条

1.《自主创新推进我国航天事业跨越式发展》，张庆伟著，《企业文明》2006年第1期，第21—23页。

自力更生、自立自强的发展道路，使我国加速跻身于世界航天大国之列。长征五号运载火箭全箭采用的247项关键核心技术全部具有完全自主知识产权；"北斗三号"全球卫星导航系统核心器部件实现国产化率100%；航天关键材料和器件实现自主可控，突破美日对碳纤维的技术封锁[1]，打破美欧对星载原子钟的市场垄断。新时代航天人敢下先手棋、善打主动仗，充分体现了伟大的创新精神。

树高叶茂，系于根深。自力更生是中华民族自立于世界民族之林的奋斗基点，自主创新是我们攀登世界科技高峰的必由之路。历史充分证明，只有不断创新的国家和民族，才能在通往未来的道路上行稳致远，只有把关键核心技术掌握在自己手中，才能保障中国航天的自主可控发展。发展航天事业，建设航天强国，必须毫不动摇坚定道路自信，把科技自立自强作为航天事业发展的战略支撑，勇攀科技高峰，以创新赢得发展先机，为全面建设社会主义现代化国家、实现中华民族伟大复兴提供助力。

四、探索解决问题的"桥"和"船"

航天人在实践中探索出一套富有特色和成效的方法，这些方法与马克思主义哲学的方法论高度契合。在推进航天型号发展中，航天人创造性地将系统工程理论和方法引入航天领域，应用在各个环节，发展出了一套解决航天复杂巨系统问题的管

1.《碳纤维40年：国际封锁下的艰难攻关》，黄芳芳著，《经济》2018年第16期，第24—28页。

理理论，成为指导航天人开展航天型号工程研制，保证型号成功的制胜法宝。

系统观念源于军事领域的"大战略"思想，即总体意识。航天事业建立初期，在钱学森的直接指导下，聂荣臻、张爱萍等军事家将他们在战争实践中应用的总体意识和"大战略"思想迁移到航天领域，并逐渐形成体系化的运作方式，使航天事业靠着近军事化的高度严密的组织，将人和物的效能集中发挥到了极致。直至今日，这种方法依旧发挥着举足轻重的作用。

所谓航天系统工程，就是统筹管理航天型号的规划、计划、预研、试验、生产，以及人才、物资、保障条件、经费的科学体系与方法。钱学森认为，它符合马克思主义的认识论，即建筑在《实践论》的基础上，以《矛盾论》为指导思想，从感性认识上升到理性认识，从定性到定量的综合集成方法。

（一）两条指挥线的管理体系

航天系统工程追求的是整体优化，过高地追求局部最优，从全局观念上看是种无意义的消耗，不但不利于经济性，甚至会增加不必要的研制难度，增加成本，拖延周期。航天工程管理的出发点和落脚点始终是如何使各构成部分组合起来达到整体最优化。

中国航天没有因仿制起步而陷入"引进—落后—再引进—再落后"的泥淖，在很大程度上得益于极早地认识到顶层设计的重要性。"东风二号"首次发射失败使中国航天人痛定思痛，从失败中深刻汲取经验和教训，认识到航天系统工程不是要素的简单堆砌，仅仅靠仿制和引进是不行的，只有消化、吃透每一个技术难点，才能从根本上摆脱"能力弱—依赖—更没能力—更依赖"的恶性循环。为此，中国航天达成共识，建立一个设计师系统，在可靠的技术成果和充分的地面试验的基础上按研制程序办事，总体设计部应运而生。

经过六十余年的发展，我国航天系统工程已经发展成为一种全方位组织管理航天工程系统的科学体系与方法，形成了"一个总体部、两条指挥线"系统工程管理体系[1]。"总体设计部"是型号研制的龙头单位、型号战略规划和系统创新的责任主体、航天技术发展的牵引和带动力量；"两条指挥线"指总指挥系统和总设计师系统，"两总"系统，是航天型号研制中的行政、技术两条线领导模式，是马克思主义领导艺术在航天领域的灵活运用。"一个总体部、两条指挥线"充分体现了总体优化与系统协调等抓总理念，有效避免了行政管理和技术负责之间职责不清的不利情况，是航天系统工程理论的成功验证。

（二）"三位一体"的研制生产管理体制

"三位一体"体制，即政治主导、行政支撑、技术负责，三者有机结合，充分发挥集体领导优势。党委（组）行使决定权，通过思想政治工作介入和影响行政与技术，通过后勤保障工作协助行政和技术管理体系的运转。聂荣臻指出："技术问题一定要技术人员下决心，将技术人员的意见集中统一在党委领导下，通过院首长的分工负责制，成为全院的决心。我们对技术问题

1.《中国航天的系统工程管理与实践》，马兴瑞著，《中国航天》2008年第1期，第7—15页。

的规律还没有摸清，规律要慢慢地摸，急不得。技术问题还是让技术人员去解决，这样党委就更主动了。"[1]坚持解放思想和实事求是的辩证统一，坚持技术民主和技术责任制的辩证统一，是中国航天事业实现一次又一次突破的重要法宝[2]。政治、行政与技术管理的有机结合，使擅于政治、精于管理和专攻技术的各种"内行"形成一个领导集体，消除了不同工作群体之间可能产生的隔阂和矛盾，增强了合作，使得大家同心同德、协调一致地完成各项任务。

（三）按型号建院的组织体制

20世纪60年代，航天系统把按专业建立的分院改为按型号类别建立的研究院，形成地地导弹、巡航导弹、地空导弹、固体导弹四大总体院和与其专业配套的研究所和试制工厂，建成了比较完备的科研与生产相互配套的组织体系。1967年，为保证"东方红一号"计划的进行，聂荣臻副总理向中央提出《关于国防科研体制改组方案的报告》，提出了组建空间技术研究院的建议。1968年，先后成立了中国空间技术研究院和中国航天医学工程研究所，分别负责空间飞行器研制和载人航天医学工程研究。通过型号进行单位的划分，形成比较完备的科研与生产相互配套的组织体制，是航天与其他行业最显著的组织体制区别。事实证明，按照型号研制和任务分工更加完善，更有利于集中科研

1.《聂荣臻科技文选：在听取五院领导汇报工作时的指示（1961年8月16日）》，国防工业出版社1999年版，第300页。
2.《新中国成立以来建设航天强国的历史探索与经验启示》，熊若愚著，《国防》2019年第11期，第20—25页。

力量，在重点领域实现突破。实践证明，中国航天在特殊困难条件下建立的以型号类别建院的组织体制，减少了不同院所之间、航天系统与非航天系统之间的交叉与协调，解决了项目模式下的衔接不足问题，是航天多出型号、快出型号的组织基础，成为中国航天最为重要的体制创新，是航天成功的法宝之一。

（四）"四个一代"的技术发展路线

中国航天十分注重加强研制工作的计划性和预见性，分阶段、抓重点，循序渐进推动不同层次的型号、任务互相衔接、交替进行。20世纪60年代，聂荣臻首先提出地地导弹"三步棋"研制程序，日益成为航天各型号研制生产的金科玉律。预先研究、型号研制、小批量生产，先低后高、先易后难，从导弹型号到探空火箭、运载火箭，再到人造卫星。时至今日，中国航天逐渐形成了"四个一代"即"探索一代、预研一代、研制一代、生产一代"的协调发展格局，使航天型号研制工作形成了一个完整的从储备积累到跨越发展的总体创新过程。"探索一代"着眼长远发展与新概念研究，"预研一代"着眼突破阻碍航天发展的技术关键和新技术开发，"研制一代"着眼研制开发满足需求的新产品，而"生产一代"着眼制造状态稳定的产品并形成装备交付用户使用。其中，对探索与预研工作的重视，为中国航天发展积累了丰厚的技术积累与技术储备，是型号研制的前提和基础。例如，在长征系列运载火箭立项之时，就已经成功进行了26次发射，基本掌握了卫星发射、定点、返回等关键技术。制定发展规划，加强自主创新，注重预先研究，有力带动了航天科技的创新发展。

（五）"零缺陷"质量文化

中国航天系统工程始终将可靠性和安全性放在重要位置，牢固树立质量至上的理念，为中国航天事业发展提供了坚强保障。20世纪90年代中期，面对航天型号连续失利的严峻形势，中国航天卧薪尝胆，在周恩来总理提出的"严肃认真，周到细致，稳妥可靠，万无一失"十六字方针指引下，创造性提出质量问题技术、管理"双五条归零"。航天人将"十六字方针"作为航天工程质量管理工作的指导思想，培育了"质量是政治、质量是生命、质量是效益"的质量理念，锤炼了"严慎细实"的工作作风，以举轻若重的态度做好每一项工作，以举一反三的方式查找每一个隐患，以举重若轻的自信应对每一次挑战。

保质量、保成功，是航天人的不懈追求，是航天人的精神境界。在载人航天、嫦娥探月、北斗导航、火星探测等重大工程任务中，航天人一以贯之地推行实施着"双五条归零"理念，并结合航天科研生产实际，进一步提出了"从源头抓起、全过程受控、零缺陷管理、争取一次成功"的更高要求，归纳总结了"质量管理72条"，持续优化航天型号管理规定，形成了科学规范的航天质量管理模式，有力保障了航天型号飞行试验的连战连捷。2015年，由中国航天制定的国际标准ISO18238"航天质量问题归零管理"，为国际标准化组织ISO所正式发布。该标准深入总结了航天质量问题归零管理的成功经验和实践成果，是我国在国际管理界的一次成功展示，彰显了中国航天的软实力。

航天人在伟大的航天实践中，产生了自己的精神形态，进而又自觉上升到了哲学高度，形成了航天哲学，实现了主体精神上的"自由"，并进一步指导航天。航天精神背后，蕴含了航天独具特色的科学的世界观和方法论。可以说，中国航天事业发展取得的辉煌成就是在马克思主义中国化科学理论指导下所取得的。发展航天事业，建设航天强国，必须毫不动摇坚定理论自信，坚持马克思主义的世界观和方法论，自觉运用实事求是和系统观念的理念方法，分析、解决各种矛盾问题，加强航天改革发展的前瞻性思考、全局性谋划、战略性布局、整体性推进。

五、构建杰出的人才队伍

人才是航天事业的发动机，航天事业是人才的推进剂。中国航天事业能取得如此举世瞩目的成就，其中一个重要原因就在于培养造就了一支政治坚定、作风严谨、无私奉献、造诣深厚、勇于创新、配套齐全的科技人才队伍[1]。中国航天的66年就是聚才兴业、集智攻关的66年，是党为航天事业识才、爱才、选才、用才的66年。我们要继承航天事业人才培养的优良传统，为2035年基本实现社会主义现代化提供人才支撑，为2050年全面建成社会主义现代化强国打好人才基础。

（一）知人善任，识才爱才

中国航天起步于积贫积弱的新中国。创业初期，新中国百废待兴、百业待举，面对人才奇缺的状况，中国航天坚持"实

1.《中国航天事业发展的哲学思想》，《中国航天事业发展的哲学思想》编委会（编），北京大学出版社2016年版，第293页。

干比头衔更重要，能力比资历更重要"，对各级各类优秀人才大
胆任用，从全国各条战线选调了一批经过战争检验的领导干部，
一批归国和本土的高级技术专家，一批国家培养的大中专毕业
生和一批经验丰富的优秀工人，组成了一支能攻善战的航天科
技队伍[1]。这当中，既有聂荣臻、张爱萍等这样卓越的领导人，
也有钱学森、任新民、屠守锷、黄纬禄、梁守槃、孙家栋等这
样的高水平技术专家，还有像高凤林、徐立平、李军一样的航
天工匠，他们打开了航天技术独立研制和创新发展的局面，为
创建和发展航天事业建立了不可磨灭的功勋。

* 左起为黄纬禄，屠守锷，钱学森，梁守槃，任新民，庄逢甘。图片来源：北京远
望智库科技咨询有限公司

1.《关于加速航天型号队伍建设的几点思考》，金鑫著，《航天工业管理》2010年第
3期，第30—32页。

时至今日，"60后唱主角，70后挑大梁，80后当中坚"已成为中国航天人才队伍建设的真实写照。经过40多年的改革开放，经过国家重大航天工程实践，航天技术人员已经完成新老交替，成为中国航天事业健康发展的根本保证。

在对岗位的分配上，中国航天善于区分不同人才的特征禀赋，在对研制人员知识结构、年龄层次、性格特征等要素充分了解的基础上，按照个人专长特点和岗位类型分岗定级，将不同人才分配到适合其专业与特长发挥的岗位上，培养了一大批技术、技能和管理人才。

航天事业创建初期，国防部五院除了钱学森之外，没有专门的导弹人才。面对现实情况和实际需要，钱学森以高瞻远瞩的眼光，综合考虑了创业所需的专业结构与各个研究室负责人的业务能力，充分了解每个干部的专业特长、工作经历、兴趣爱好，对现有的人才进行了"因事用人、因岗择人、因能授职、有岗有为"的安排。仅仅一个月，一支包含导弹总体、空气动力、发动机、弹体结构、推进等10个研究室的队伍就建立起来。中国航天的选人用人之道有效促进了各种人才效能的发挥，带动了整体工作的效益。

（二）任人唯贤，选才用才

中国航天十分注重灵活挖掘人才，注重在重大航天工程实践中尽早识别、发现和培养领军人才。"干中学、学中干"，对政治素质高、专业技术及综合能力强、工作业绩突出、发展潜力大的人才，敢于突破年龄的限制，及时把他们推举到重要的技术和管理岗位。通过向青年压担子、给机会，有意识、有计划地安排德才兼备、素质优良的年轻人参加重大工程和重点型号研制，使他们经受锻炼、快速成长[1]。90年代初，针对市场经济对航天队伍的影响，航天各院党委都高度重视青年人才的培养，当时，破格提拔了一批优秀青年为高级工程师和研究员，当时被称为"小高工""小研究员"。这些年轻的科研工作者后来都成长为航天战线上的骨干和精英，成为航天科技的主力军。"不唯学历、不唯职称、不唯身份、不唯资历"，是中国航天人才培养最值得称道的地方。

通过有目的、有计划的培养，一大批朝气蓬勃、极富创新精神和创造活力的青年科技英才成为中国航天事业发展的新栋梁、骨干和领军人才。今天的中国航天人，比世界同行平均年轻15岁，工程各系统总设计师大多在40～50岁之间，35岁以下的科研人员占工程科研人员的80%。美国宇航局前局长米切尔·格里芬曾说过，中国航天最令人羡慕的地方在于他所拥有的一大批年轻科学家和工程师。

"据统计，载人航天工程研制队伍，35岁以下的年轻人占到80%以上。"北斗"团队的平均年龄35岁，"嫦娥"团队、"神舟"团队33岁，"东方红四号团队"29岁，而卫星应用团队仅有28岁，一批又一批年轻航天人展现出了成熟的技术能力和自信的职业作风，为中国航天事业的可持续发展提供着不竭动力。我国航天事业的发展历程充分说明，创新的制高点在科技，科

1.《中国航天事业发展的哲学思想》,《中国航天事业发展的哲学思想》编委会（编），北京大学出版社2016年版，第302页。

技创新的希望在青年。[1]"年轻一代的航天人，正在为实现中国航天新的突破积蓄强大力量。

中国航天成功的关键因素之一，在于拥有素质高、能力强的研制队伍、管理队伍和技工队伍作支撑，也在于显性知识和隐性知识的传承。中国航天在培养人才中充分继承了"传、帮、带"优良传统，通过"老"带"新"积累隐性知识和人力资本，实现技术与管理诀窍经验等隐性知识的传递，为航天事业人才辈出创造了条件。"传"，就是传授、传承；"帮"，就是理解、关心、帮助；"带"，就是带头、带领、树榜样。比如，从1985年前后开始到90年代初结束，中国航天曾动用最优秀的人才撰写"红宝书"，旨在凝练航天积累几十年的经验，固化知识并一代代传承下去。通过老一代不辱使命、言传身教，在工作中循循善诱，启发引导，使一代代年轻人在实践中传承了老同志的宝贵经验，促进了航天人才队伍的新老交替，形成"长江后浪推前浪"的局面。

（三）杰出的航天人才队伍

航天事业是航天人成长的摇篮，中国航天事业取得的成就，离不开中国航天人的支撑和奉献。他们当中，有钱学森、任新民、屠守锷、梁守槃等中国航天事业奠基人的杰出代表，有不断创新、勇攀高峰的科技工作者，有苦练技能、精工细作的优秀技师和技能人员，有勇于担当、协同高效的领导干部和管理

1.《在实现中国梦的生动实践中放飞青春梦想，在为人民利益的不懈奋斗中书写人生华章》，《人民日报》2013年5月5日，第1版。

队伍，有服从大局、积极作为的服务保障队伍，还有各航天测试基地指战员和英雄的航天员大队。

以钱学森和航天四老为代表的老一辈航天人为中国航天事业开拓和奠基，形成了一支敢打必胜、堪当重任、薪火相传、后继有人的航天科技队伍。作为航天事业的生力军，航天科技队伍承担了航天产品研发、设计、试验等环节的重要任务，他们政治过硬、业务高超、无坚不破、贡献至为重大。我国空气动力学发展的领军人庄逢甘，为发展导弹、核弹与卫星事业作出重要贡献的郭永怀，中国人造卫星事业的倡导者和奠基人之一赵九章，我国著名无线电技术专家蔡金涛……还有航天科技"通信卫星创新团队"，航天科工"张奕群工作室"等一批技术创新型研究室，航天科技队伍大师璀璨、群星灿烂。

航天事业的发展，同样也离不开许许多多坚守在生产一线的航天工人。航天技能队伍主要承担了航天型号的生产、制造等任务，是一支思想素质过硬、加工技艺精湛、善于攻坚克难的技能人才队伍。他们吃苦耐劳、不怕牺牲，兢兢业业、任劳任怨，涌现出一大批国家高级技师、全国劳动模范。"雕刻火药"的大国工匠徐立平，"为火箭焊接心脏"的大国工匠高凤林……还有余梦伦班组、唐建平班组、马景来班组、戴方天班组、"神舟"总装班组等一批著名一流班组，他们用双手书写了航天事业的一个个神话，助力我国航天事业新的跨越。

随着改革开放和国家军民融合战略推进，航天系统内成长起一支经营队伍，他们投身于军民融合产业，主动作为，开拓进取，稳步推进重点项目落地，不断拓展新业务领域，成为航天事业服务国民经济、服务国计民生的一支重要力量。航天安保护航国家重大项目、赛事、活动，智慧城市建设助推高质量发展，信息技术发展赋能新型工业化……航天经营队伍成为推进航天产业军民融合快速发展的重要力量，在航天事业服务国民经济的主战场上大显身手，勇创佳绩。

在航天系统的各行各业各单位各部门，领导者、管理者的地位作用至为重要，他们的领导、决策、组织、协调、管理、保证和服务职能，在整个航天系统的运作中始终起着决定性的作用。聂荣臻、张爱萍、钟夫翔、谷景生、王诤、刘有光等老领导审时度势、运筹帷幄，在航天事业发展的不同时期，均作出了重要贡献。随着我国航天工业体制机制变革，中国航天科技集团、中国航天科工集团党组的领导同志，结合大政方针，提出发展战略，带领航天人创新驱动，为实现航天梦、强军梦和中国梦贡献力量。

还有长期坚守在条件极为艰苦的航天测试和发射基地、型号试验外场的发射测控队伍，他们披星戴月、风餐露宿，远离繁华、甘于寂寞，他们意志坚定、不惧困难、不怕牺牲。正是有这样一支队伍，才有了一次次型号试验成功，创造了航天史上一次又一次奇迹。还有英雄的航天员大队，杨利伟、费俊龙、聂海胜、翟志刚、刘伯明、景海鹏、刘洋（女）、刘旺、张晓光、王亚平（女）、陈冬、汤洪波、叶光富、蔡旭哲。中国载人航天梦融入一代又一代航天人的血脉，在中国梦的宏大叙事里，飞天英雄们书写的无疑是最精彩的华章。

除此之外，还有为型号研制生产服务的保障团队，他们以为科研生产中心任务做好保障为己任，从后勤服务、教育培训、医疗健康等各方面，履行服务保障职能。运输和特装维修队伍不惧严寒酷暑，只要一声令下，就立即冲锋在航天保障任务第一线；教育培训机构承担了党校、企业大学、研究生培养等职能，为航天人才培养付出心血；航天医院为航天战线职工和社会提供医疗服务和保障，更承担了外场试验医疗保障职责。

发展航天事业，建设航天强国，要深入实施人才强国战略，以更加强烈的人才意识、更加鲜明的用才导向，厚植人才发展沃土，培养造就一大批拥有全球影响力的科技大家、具有深厚系统工程底蕴的工程大师、掌握世界先进制造技术的大国工匠和具有国际视野、战略思维的企业家，汇聚起实现航天梦的人才伟力。

六、传承弘扬航天精神

中国航天、梦之摇篮，航天精神、魂之所在。中国航天事业的发展史，是一部在昂扬的精神状态中推进航天事业建设、改革、发展的史诗。航天精神是助推航天事业发展的精神动力，是建设航天强国不可或缺的精神支柱。20世纪世纪二十年代末，航天精神在中国航天事业创建时期初步萌芽，六七十年代逐步形成，八十年代逐渐丰富并进行提炼概括。由爱国主义情怀衍生而来的航天精神，在中国航天事业66年的发展进程中不断进化、升华，形成了"热爱祖国、奉献敬业、求真务实、自主创新"的航天核心价值观，激励着一辈辈航天人在物质寂寥、精神丰满的道路上一路披荆斩棘，谱写了一曲曲可歌可泣的壮丽篇章[1]。

1.《中国航天精神教程》，梁小虹（主编），中共中央党校出版社2019年版。

（一）"两弹一星"精神

伟大的事业孕育伟大的精神，伟大的精神成就伟大的事业，航天精神的形成源于航天事业的伟大实践，反映不同时期航天事业的特征，是中国航天事业的灵魂。

1999年9月18日，党中央、国务院、中央军委隆重表彰在核弹、导弹、人造卫星研制事业中作出突出贡献的23位科技专家，并授予他们"两弹一星"功勋奖章。江泽民在讲话中正式阐述了"热爱祖国、无私奉献，自力更生、艰苦奋斗，大力协同、勇于登攀"的"两弹一星"精神。"两弹一星"的奋斗历程影响巨大而深远，由此培育形成的"两弹一星"精神是爱国主义、集体主义、社会主义精神和科学精神的生动体现，是中国人民在党的领导下创造的新的宝贵精神财富，是激励全国各族人民在社会主义现代化建设道路上奋勇前进的巨大精神力量[1]。邓小平同志指出："如果六十年代以来，中国没有原子弹、氢弹，没有发射卫星，中国就不能叫有重要影响的大国，就没有现在这样的国际地位，这些东西反映一个民族的能力，也是一个民族、一个国家兴旺发达的标志。"习近平总书记指出，"两弹一星"精神激励和鼓舞了几代人，是中华民族的宝贵精神财富[2]。

＜拓展阅读＞

航天传统精神

早在航天事业创建初期，国防部五院倡导在科研工作

1.《在新时期将"两弹一星"精神发扬光大》,《国防科技工业》2011年第6期，第16—18页。
2.《争做"两弹一星"精神的时代传人》,屈国栋著,《成才之路》2019年第24期，第3页。

中树立"三敢""三严"作风，老一辈航天工作者经过实践，形成了最初的老五院精神，成为航天精神的核心元素。

1986年底，航天工业部党组经过充分调研，提出了"自力更生、大力协同、尊重科学、严谨务实、献身事业、勇于攀登"的航天精神。1989年，聂荣臻元帅在回顾国防科技走过的光辉历程时，把40年的成功经验概括为"自力更生、艰苦奋斗、大力协同、无私奉献"四句话。1989年12月，航空航天工业部决定把聂荣臻的四句话作为航空航天部的行业精神。1990年，航空航天部又根据航天科技工业的具体特点，将航天精神正式表述为"自力更生、艰苦奋斗、大力协同、无私奉献、严谨务实、勇于攀登"，称为"航天传统精神"。

（二）载人航天精神

20世纪90年代初到21世纪初，广大航天工作者在载人航天工程研制试验的过程中培育形成了宝贵的载人航天精神。2003年10月15日，"神舟五号"载人飞船发射成功。2003年11月7日，在庆祝中国首次载人航天飞行圆满成功大会上，胡锦涛指出，在长期的奋斗中，我国航天工作者不仅创造了非凡的业绩，而且铸就了"特别能吃苦、特别能战斗、特别能攻关、特别能奉献"的载人航天精神，正式提出载人航天精神[1]。2005年11月26日，在庆祝"神舟六号"载人航天飞行圆满

1.《胡锦涛在庆祝神七载人航天飞行成功大会上的讲话》，《中国航天》，2008年第11期。

成功大会上，胡锦涛把"特别能吃苦、特别能战斗、特别能攻关、特别能奉献"的载人航天精神进一步概括为："热爱祖国、为国争光的坚定信念，勇于攀登、敢于超越的进取意识，科学求实、严肃认真的工作作风，同舟共济、团结协作的大局观念和淡泊名利、默默奉献的崇高品质[1]。"

载人航天精神，是"两弹一星"精神在新时期的发扬光大，是以爱国主义为核心的民族精神和以改革创新为核心的时代精神的生动体现。航天传统精神、"两弹一星"精神、载人航天精神并称为"航天三大精神"，其主要体现出五个特质，分别是忠诚爱国的政治品格、自力更生的创新精神、严慎细实的工作作风、大力协同的自觉意识、无私奉献的担当精神。

（三）新时代北斗精神

新时代呼唤航天精神新发展。航天精神是发展的开放的观念体系。中国特色社会主义进入新时代，中国航天事业也随之步入建设航天强国的新征程。

2012年末，中共中央、国务院、中央军委对"北斗二号"卫星导航系统开通服务的贺电中，明确提出了"自主创新、团结协作、攻坚克难、追求卓越"的北斗精神。2020年7月31日，"北斗三号"全球卫星导航系统建成开通。在参观北斗系统建设发展成果展览展示时，习近平总书记强调："26年来，参与北斗系统研制建设的全体人员迎难而上、敢打硬仗、接续奋斗，发扬'两

1.《胡锦涛在庆祝神七载人航天飞行成功大会上的讲话》,《中国航天》, 2008年第11期。

弹一星'精神，培育了新时代北斗精神，要传承好、弘扬好。"新时代北斗精神，基本内涵是自主创新、开放融合、万众一心、追求卓越，显示了新时代航天精神发展的新元素、新趋向。

北斗工程是我国屡蒙耻辱之后自主研发的一项世纪性工程。1993年的"银河号"事件，1996年的"台海危机"，2008年的汶川地震，美国均在GPS上做了手脚，使我们蒙受了耻辱，付出了生命的代价，极大地激发了中国航天人必须加快研发自己的全球卫星导航定位系统的斗志。2020年，北斗工程实现全球组网，向"一带一路"国家和地区提供基本导航服务。北斗之光，惠及全球。我们可以自豪地说，北斗工程真正做到了"北斗星，中国芯"，快速发展的中国北斗工程，对世界上渴望科技改善生活的人们带来巨大机遇。

在55颗北斗"出道"的背后，有一个"天团"队伍。在26年的时间里，他们把一颗颗北斗卫星打上天。这支以"80后""90后"为主力的团队，平均年龄只有31岁，比国外相关团队年轻了十几岁。从几十人的项目小组，到30万人的团队；从最初"北斗一号"的两颗、三颗、四颗卫星，到完成全球组网；从当年被欧美技术封锁，到今天100%实现国产化！"连一颗螺丝钉都是我们自己的！"26年过去，曾经的年轻人——"60后""70后"们，已经渐生华发，今天，"80后""90后"们已经挑起了大梁。年轻的北斗人说："有一天，我们也会老，但是中国的北斗事业永远年轻，我们把青春献给北斗，这一生都做北斗人！"他们，是夜空中最亮的星，用实践诠释着新时代航天精神，用新的时代精神支撑"我们的时代"。

<拓展阅读>

中国人自己的GPS

时间回溯到1995年，北斗导航工程立项启动不久，一个不速之客——信号"快捕精跟"问题跳了出来，严严实实地堵住了"北斗一号"的工程进展。能否实现对信号的"快捕精跟"将成为决定"北斗一号"整体性能甚至左右整个工程进展的关键。就在所有人都一筹莫展的时候，三位博士还未毕业的20多岁小伙子——王飞雪、雍少为和欧钢竟拿出了一套"全数字化"方案。三个小伙子从北京抱回一台比较先进的计算机，拿了4万元的尝试经费，开始了艰难的攻关历程。他们把一个不到10平方米的仓库简单收拾一下当作实验室。没有仪器设备，就东挪西凑找人借，在极为艰难的条件下，他们的仿真试验取得了理想效果。"快捕精跟"关键技术立项后，王飞雪和同伴们每天工作二十个小时左右，饿了就泡包方便面，累得眼皮子都撑不开时就泡上一杯浓咖啡提提神，直到实在坚持不住时才打开行军床……解决了核心技术问题，2000年，两颗北斗导航试验卫星被送上太空。2003年，第三颗卫星送入太空后，中国成为世界上第三个建立卫星导航系统的国家。

（四）探月精神

事业愈艰巨精神愈深厚，一代又一代航天工作者将发展航天事业作为自己的崇高使命，在航天精神的指引下，满怀为国争光的雄心壮志，推动航天事业不断向前发展。

2020年12月17日，"嫦娥五号"返回器携带月球采样安全返回。15年间，年轻的"嫦娥"团队成功研制我国第一颗月球探测卫星——"嫦娥一号"，树立中国航天第三个里程碑；成功研制我国第一个行星际探测器——"嫦娥二号"；成功研制"嫦娥三号"探测器，使我国成为第三个成功实现地外天体软着陆和巡视探测的国家；成功研制"嫦娥四号"探测器，实现人类历史首次在月球背面软着陆和巡视勘察。2021年2月，习近平总书记在会见探月工程"嫦娥五号"任务参研参试人员代表并参观月球样品和探月工程成果展览时首次强调提出了"追逐梦想、勇于探索、协同攻坚、合作共赢"的探月精神。十余年来，从探月、落月到世界首次月背软着陆探测、取回月壤，探月工程实现"六战六捷"，"嫦娥"团队自主创新，不断突破，在我国航天史上书写了精彩的一页。

探月精神，既拓展了新时代航天精神的内涵，又丰富了中华民族的精神家园，其根本性价值既属于中国航天人，也属于全体中国人[1]。

<拓展阅读>

中国人千年的奔月梦想

2007年，感动中国特别奖中"嫦娥一号"团队的颁奖词写道：这是一支年轻的队伍，平均年龄仅30岁。副总指挥34岁，副总设计师37岁，总体主任设计师36岁。这是一群航天才俊，为达到"精确变轨，绕月飞行，首飞成功，一年寿命"的探测工程目标，他们针对月球探测卫星

1.《大力弘扬探月精神》，陈雄著，《红旗文稿》2021年第2期，第37—39页。

的新特点，集思广益开拓进取，短短三年多来先后攻克了轨道设计、月食问题、数传定向天线研制、卫星热设计、导航与控制分系统设计、测控数传分系统设计、紫外月球敏感器、数管分系统设计等一系列技术难题，拿下了一大批具有自主知识产权的核心技术。这是一只高度团结的队伍，统一决心、统一意志、统一目标和统一行动。这是一支不负众望的团队，11月7日，北京航天飞行控制中心，当"嫦娥一号"卫星以超出设计预期的精准度进入环月工作轨道的那一刻，举国欢庆、全民振奋。中国人千年奔月的愿望终于梦想成真。我们期盼成功，因为你们的卫星打多高，我们的头就能昂多高。中国航天人再一次以自己的心血和汗水雄辩地向世人昭示，中国人民有志气、有信心、有能力在攀登现代科技高峰的征途上不断谱写新的华章。中华民族完全能够屹立于世界先进民族之林。

年轻的航天工程师们继往开来，继承和发扬着伟大的航天精神，形成了最伟大的战斗力。

新时代航天精神是对"航天三大精神"的继承与发展，蕴含着"爱国、敬业、诚信、友善"的精神因子，是社会主义核心价值观在航天领域的体现，具有丰富的思想内涵，鼓舞和激励航天人不断取得创造性成就[1]。从航天传统精神、"两弹一星"精神、载人航天精神，到新时代北斗精神、探月精神，构筑起

1.《新时代航天精神：内涵、来源及其价值》，王向阳、曹银忠著，《社会科学前沿》2019年第8期，第1510—1517页。

了特色鲜明、内涵丰富的航天精神谱系[1]，发展和丰富了我国精神宝库。

　　航天精神以独特的神韵和力量充分展示了中华民族的文化自信。发展航天事业，建设航天强国，必须毫不动摇坚定文化自信，大力弘扬并与时俱进地发展、丰富航天精神，共同系牢感情纽带、涵养精神动力、夯实人文基石，汇聚共襄伟业的磅礴合力，奏响同心筑梦的时代凯歌。

1.《航天道路 航天精神 航天力量——基于中国航天事业发展的思考》，郭世军著，《桂林航天工业学院学报》2015年第4期，第548—552页。

第 **10** 章

航天梦圆强国梦

——我们的征途是星辰大海

人类在浩瀚的宇宙面前是渺小的，但人类的探索精神是伟大的。希望广大航天人在航天事业发展的征程上勇攀高峰、不断前行，为建设航天强国和世界科技强国建功立业，为实现"两个一百年"的奋斗目标、实现中华民族伟大复兴的中国梦不断作出新的更大的贡献。

——习近平总书记在会见天宫二号和神舟十一号载人飞行任务航天员及参研参试人员代表时强调（2016年12月20日）

探索浩瀚宇宙，发展航天事业，建设航天强国，是我们不懈追求的航天梦。建设航天强国既是社会主义现代化强国建设的重要组成部分，也是实现伟大斗争、伟大工程、伟大事业、伟大梦想的重要支撑力量。航天强国统一于中国梦的伟大实践，中国梦的战略进程引领着航天强国的目标实现。新时代、新使命、新征程，中国航天要有新作为，作出新贡献，坚定、自信、踏实、有力地从航天大国迈向航天强国，承载起大国的航天使命。

一、建设航天强国是时代的呼唤

2021年，中国共产党迎来百年华诞，中国航天事业迎来创建65周年。中华民族的航天梦，承载着中国人民"敢上九天揽月"的豪情壮志，积蓄着从站起来、富起来到强起来的磅礴伟力。百年大党、风华正茂，大国利器、国之根基。在党中央坚强领导下，我国航天事业在艰苦奋斗中奋发图强，在改革开放中奋起直追，在市场经济大潮中跨越发展，也必将在实现中华民族伟大复兴中创造新的辉煌。

（一）富国与强军呼唤航天强国建设

强国必须强军，军强才能国安。国家富强是民族振兴的前提条件，也是人民幸福的重要保障[1]。习近平总书记曾多次指出

1.《强国梦是中国梦的坚强支撑》，郝永平、赵慧著，《党建》2017年第8期，第36—37页。

科技创新对实现强军目标、建设世界一流军队的重要意义。国防科技不仅是很多先进技术的源头，也是大国博弈的战略高地和提升国家科技创新能力的重要方向。航天科技工业从建立之初便作为国民经济的重要组成部分，一直以来是维护国家安全、提升国防军事实力的重要战略力量。

当前，中美在军贸、半导体、卫星互联网、航空发动机等国家重大战略安全领域的竞争日益加剧，促使我们必须加强对"新国防"领域的关注。发展航天事业，确保国防和军队现代化进程同国家现代化进程相适应，军事能力同国家战略需求相适应，是全面加快建成社会主义现代化强国的重要支撑，也是实现富国与强军相统一的应有之义。

<拓展阅读>

什么是"天军"？

随着航天技术的飞速发展，卫星信息侦察、跟踪监察、制导导航及航天兵器的广泛应用，促使一只新型作战部队——"天军"应运而生。"天军"伴随新军事革命而诞生，是依靠卫星信息侦察、跟踪监察、制导导航及航天兵器在外太空进行作战的天疆部队，与陆军、海军、空军相对应的独立军种。在"天军"司令部的指挥下，下设航天发射部队、航天测量跟踪管理部队、防天监视作战部队和军事航天员部队等。

（二）中华民族伟大复兴呼唤航天强国建设

回首过去66年的发展，航天科技取得的创新成果极大鼓舞了中国人民的创新信念和信心，航天事业发展呈现的自主创新、新型举国体制优势和航天精神等特点，为全社会创新创造提供了强大激励，为经济社会发展提供了重要引擎，为实现中国梦凝聚起强大力量。建设航天强国，是中华民族迎来从站起来、富起来到强起来伟大飞跃的必然选择，是自强不息的中华民族实现对复兴向往和追求的必然选择。

开启新征程、奋进新时代，中国航天事业要继续沿着中国特色社会主义的发展之路，接力探索，不懈奋斗，为全面建设社会主义现代化国家、实现中华民族的伟大复兴凝聚力量。中国航天人要继续用党的奋斗历程和伟大成就，鼓舞斗志、指引方向，创造不负革命先辈、无愧于历史和人民的新业绩。

（三）经济社会发展呼唤航天强国建设

航天事业刚起步之时，作为超级大国的政治竞赛秀场，主要运用于军事领域。随着商业航天、太空经济等概念的提出，航天日益成为推动人类经济社会发展的重要力量。尤其是21世纪以来，人类步入探索与开发利用外层空间的新纪元，世界航天产业保持持续稳定增长，航天技术成为全球发展最迅猛的战略高技术之一，极大地促进了生产力的发展和人类文明进步。

为人民谋幸福是未来很长一段时间内党和国家的重要民生工程。面向未来，中国航天要全面贯彻高质量发展理念，积极践行以人民为中心的发展思想，推动航天技术全面服务国计民生，满足人们对社会发展和生活质量更高的追求。

<拓展阅读>

航天科技对人类生活的影响

2017年全球航天探索大会在北京开幕。习近平总书记在贺信中指出，航天科技对人类社会发展和人民生活产生了重大影响。中国航天事业发展六十余载，开辟了前所未有的新领域，改变了人们的生活方式，提高了生活质量，在服务社会、造福人民中得到广泛认可。无论是在广播电视、远距离通信、气象预报、导航定位，还是在农业生产、救援救灾、环境监测等方面，航天技术都起到了不可替代的作用。

（四）构建人类命运共同体呼唤航天强国建设

一个国家和民族的荣光与否不单靠自我的感觉与评价，更在于它的光荣与梦想能否赢得世界各国的认同、欣赏、钦佩甚至敬畏1。中国共产党作为马克思主义使命型政党，要为绝大数人谋利益，为世界谋大同。中国航天事业作为在马克思主义指引、中国共产党坚强领导下的事业，要支撑中国军队保卫国家主权、维护世界和平的能力，奠定中国在国际舞台上的大国地位。

极地、深海、网络、外空四个领域是人类命运共同体的最佳实践场所，探索浩瀚宇宙是全人类共同的梦想，和平探索和利用外层空间是人类不懈的追求。中国要进一步推动太空征程中的国际合作，和平探索开发和利用太空，让航天探索和航天科技成果为人类创造更加美好的生活。

1.《中国航天事业发展的哲学思想》，《中国航天事业发展的哲学思想》编委会（编），北京大学出版社2016年版，第513页。

二、航天强国梦的价值期盼

伟大事业都始于伟大梦想。中国共产党是马克思主义使命型政党，中国梦旨在实现国家富强、民族振兴和人民幸福，是引领中国特色社会主义现代化强国的战略导航。中国航天事业是党的事业、国家的事业、人民的事业，航天梦始终与国家利益、民族命运和人民幸福紧密相联，是引领中国航天事业走向航天强国新征程的价值期盼。航天强国梦之所以对中国梦具有不可替代的重要支撑作用，直接源于中国航天事业的特殊使命及由此派生的文化价值、政治价值和世界价值[1]。

（一）航天强国梦的文化价值

在实现中华民族伟大复兴的进程中，航天软实力属于非常宝贵甚至稀缺的战略资源，具有特殊的战略价值。几代航天人用生命浇筑的辉煌，积淀着一代代航天人通过传承与守护、创新与发展、实践与发扬而不断形成的航天文化，深深熔铸在航天人流淌的血液中，蕴藏着中国航天事业不断走向成功的密码，指引着无数航天人前赴后继、寻梦航天。航天强国梦的文化价值就在于其为不同民族和国家提供了展现其意志和精神的舞台，对于提振民族精神具有重要意义。弘扬和践行好新时代的航天精神，助力文化强国建设是新时代赋予航天人义不容辞的责任。

1.《中国航天精神教程》，梁小虹（主编），中共中央党校出版社2019年版。

（二）航天强国梦的实践价值

航天科技是科技进步和创新的重要领域，航天科技成就是国家科技水平和科技能力的重要标志。中国航天事业肩负着推动国防现代化建设进程、科技强军、振国威、扬军威的神圣使命，在发展中始终毫不动摇坚持党的领导、发挥制度优势，坚持自立自强，坚持选贤任能，走出了一条具有中国特色的航天发展之路。航天强国梦的政治价值就在于更加充分地证明了社会主义制度的优越性，积累了在科技落后国家发展尖端科学技术的宝贵经验，实现了政治使命、民族情怀和科学精神的统一。

（三）航天强国梦的世界价值

中国航天始终是国际外空秩序的积极维护者、公正合理外空规则的倡导者、促进人类空间事业进步的践行者，为塑造我国负责任的大国形象作出了重要贡献。中国航天在发展中始终坚持和平利用外层空间，反对外空武器化和外空军备竞赛，合理开发和利用空间资源，保护空间环境，倡导世界各国共同推动构建人类命运共同体，在更大范围、更深层次、更高水平上服务和增进人类福祉。航天强国梦的世界价值就在于以马克思主义的世界观和方法论为指导，在航天事业发展中丰富实践了马克思主义的新内涵。

三、航天强国建设的实践路径

党的十八届五中全会强调，要实现"十三五"发展目标，必须牢固树立和落实创新、协调、绿色、开放和共享五大发展理念。在"两个一百年"的奋斗进程中，中国航天事业发展要服从和服务于国家整体发展战略，以高质量发展为原则，坚持创新发展、协调发展、和平发展、开放发展，在追逐航天梦想、加快建设航天强国的道路上镌刻下新的历史标注。

（一）坚持战略引领，推进航天事业高质量发展

新时期加快航天强国建设，要牢牢把握建设航天强国的战略目标，坚持协调发展，合理配置各类资源，建立健全产学研用深度融合的航天创新体系，鼓励和引导社会力量有序参与航天发展。充分发挥新型举国体制优势，培育实施一系列重大工程、重大项目，取得一大批关键核心技术集群式突破，推动航天科技从量的积累迈向质的飞跃、从点的突破迈向系统能力提升，提升航天整体发展质量和效益，实现从跟跑并跑向并跑领跑跨越。

（二）坚持自主创新，实施航天重大科技工程

新时期加快航天强国建设，要把自主创新摆在航天事业发展全局的核心位置，按照国家对航天强国建设的决策部署，实施航天重大科技工程，加强科学探索和技术创新，深化体制机制改革，激发创新创造活力，重点提升航天科技创新动力、经济社会发展支撑能力，加快实现航天科技高水平自立自强，推动航天事业跨越发展。

（三）坚持开放融合，培育发展太空经济新业态

新时期加快航天强国建设，要优化航天工业能力结构、产业结构、区域布局，构建小核心、大协作、专业化、开放型的

航天科技工业体系。完善国家民用空间基础设施，推动航天先进技术向国民经济各领域各行业渗透融合，鼓励支持商业航天健康快速发展。坚持独立自主与开放合作相结合，在平等互利、和平利用、包容发展基础上，积极开展航天国际交流与合作，培育发展太空经济新业态，引领太空经济发展新趋势，推进人类航天事业共同进步和长期可持续发展。

（四）坚持合作共享，增进人类共同福祉

新时期加快航天强国建设，要秉持平等互利、和平利用、包容发展的原则，深化高水平国际交流与合作，加强与主要航天国家的战略互信，拓展航天技术和产品全球公共服务，积极参与和引导塑造外空全球治理体系，引导塑造完善太空安全等方面的对话机制，加快宇航产品和服务走出去的步伐，积极参与解决人类面临的重大挑战，助力联合国2030年可持续发展议程目标实现，推进人类航天事业的共同进步和长期可持续发展，在外空领域推动构建人类命运共同体，为构建太空领域人类命运共同体贡献中国智慧、中国方案、中国力量。

扬帆起航，逐梦九天，我们的征途是星辰大海。开启第二个百年奋斗目标新征程，中国航天将坚持以习近平新时代中国特色社会主义思想为指导，坚定不移听党话跟党走，加快推进航天强国建设，持续提升科学认知太空能力、自由进出太空能力、高效利用太空能力、有效治理太空能力，弘扬航天精神，攻坚克难、勇攀高峰，秉持人类命运共同体理念，同各国一道，积极参与外空全球治理与交流合作，维护外空安全，保护地球家园、增进民生福祉、服务人类文明进步，促进外空活动长期可持续发展，成为国家安全的维护者、科技自立自强的引领者、经济社会高质量发展的推动者、外空科学治理的倡导者和人类文明发展的开拓者，在新的赶考路上，实现航天事业发展与时俱进、时代创新，为党和国家争取更大的光荣，为建设社会主义现代化强国、推动人类和平与发展的崇高事业作出积极贡献！

参考文献

1.《航天工程设计实践》，冉隆燧（编著），中国宇航出版社，2012年版。

2.《航空航天知识与技术》，周露（编著），国防工业出版社，2015年版。

3.《航空航天概论》，徐江华（编），北京航空航天大学出版社，2015年版。

4.《中国航天事业的60周年》，《中国航天事业的60年》编委会（编），北京大学出版社，2016年版。

5.《中国航天的历史使命》，张建启（编），中国宇航出版社，2016年版。

6.《中国航天发展蓝皮书》，《中国航天发展蓝皮书》编委会（编），中国宇航出版社2017版。

7.《航天领域科技发展报告》，中国航天系统科学与工程研究院（著），国防工业出版社，2017年版。

8.《航天、人文与艺术》，闻新（编著），中国工信出版集团 电子工业出版社，2018年版。

9.《2018-2019航天科学技术学科发展报告》，中国宇航学会（编），中国科学技术出版社，2020年版。

10.《筑梦空天：航天精神在二院》，马杰（编），中国宇航出版社，2020年版。

11.《共和国航天往事》,《中国航天报》(编著)，中国宇航出版社，2020年版。

12.《宇航概论》，胡其正、杨芳（著），北京理工大学出版社，2020年版。

13.《改变世界的航天计划丛书》，徐大军、李耀军（编），未来出版社，2020年版。

14.《导弹武器系统概论》，王文超、张志鸿（著），宇航出版社，1996年版。

15.《钱学森的航天岁月》，石磊、王春河、张宏显等（著），中国宇航出版社2011版。

16.《聂荣臻年谱》，周均伦（编），人民出版社1999版。

17.《神剑——导弹武器装备概览》，吕晓戈（编），中国宇航出版社2019年版。

18.《中国航天事业发展的哲学思想（第二版）》,《中国航天事业发展的哲学思想》编委会（编），北京大学出版社2016年版。

19.《中国航天事业的60年》,《中国航天事业的60年》编委会（编），北京大学出版社2016年版。

20.《飞鸣嘀——中国地空导弹部队作战实录》，陈辉亭（著），解放军文艺出版社2005年版。

21.《空空导弹的历史、现状和发展》，张勋（著）,《空军装备研究》2007年第6期。

22.《我们有了自己的第三代"飞鱼"——中国海军反舰导弹发展之路》，沈顺根（著）,《当代海军》1998年第3期。

23.《蛟龙出海破云山——我国第一型潜地固体导弹巨浪一号发

展回眸》，王舒颖、苑轩（著），《国防科技工业》2012年第1期。

24.《雷震海天——导弹总体与控制技术专家黄纬禄》，中国航天科工集团第二研究院科技委（编），中国宇航出版社，2009年版。

25.《"巨浪"冲天举世惊——中国海军潜射弹道导弹》，台风（著），《舰载武器》2004年第9期。

26.《中国太空长征的先驱："长征一号"运载火箭》，兴南（著），《中国航天》2006年第8期。

27.《世界航天运载器大全》，编委会（编），宇航出版社1996版。

28. CZ-1(ChangZheng-1). Space.skyrocket.de.

29. NASA-NSSDCA-Spacecraft-Details. Nssdc.gsfc.nasa.gov.

30.《这里是中国航天的"技术高地"——揭开长征火箭跨越成长的基因密码》，环球网2019年5月16日。

31.《"长征一号"火箭研制和发射的前前后后》，中国运载火箭技术研究院新闻中心2017年7月26日。

32.《上得去，转起来——回顾长征一号运载火箭研制的一些往事》，李颐黎（著），《太空探索》2010年第10期。

33.《中华人民共和国大事记（1949年10月–2019年9月）》，中国政府网2019年9月27日。

34.《中国火箭"长征"之路从这里起步》，《科技日报》2016年04月23日。

35.《当代中国的航天事业》，编辑委员会（编），中国社会科学出版社1986版。

36.《"长征一号"火箭的固体"心脏"在这里诞生》，光明网2020年04月26日。

37.《长征系列运载火箭介绍：长征一号系列（一）》，韩厚健（著），《中国航天》1997年第5期。

38.《长征系列运载火箭介绍：长征一号系列（二）》，韩厚健（著），《中国航天》1997年第6期。

39.《50年前，"长征一号"如何托起中华民族航天梦？》，《科技日报》2020年04月24日。

40.《从筚路蓝缕到星辰大海——中国航天科技集团隆重纪念长征一号火箭发射东方红一号卫星50周年》，中国日报网2020年04月21日。

41.《中国运载火箭技术发展》，鲁宇（著），《宇航总体技术》2017年第3期。

42.《中国航天技术发展史稿》，李成智（编著），山东教育出版社，2006年版。

43.《世界航天发展史》，史超礼等（编），河南科学技术出版社，2000年版。

44.《我国第一颗人造卫星的研制》，郑实（著），《湖北档案》2004年第7期。

45.《"581"组与中国人造卫星事业的起步》，董荣、丁兆君（著），《中国科技史杂志》2017年第1期。

46.《人造卫星：时空"探员"》，刘进军（著），《科学24小时》2021年第1期。

47.《人造卫星》，谢石（著），《国外导弹与宇航》1980年第7期.

48.《中国发射的人造卫星一览表》，《中国空间科学技术》1982年第5期。

49.《首颗人造卫星发射50岁周年》，庄北宁，鲍里斯·切尔托克（著），科学大观园，2007年第21期。

50.《地球人造卫星"东方红一号"》，邸月宝（著），《今日科苑》2019(09)。

51.《天地交响——中国第一颗人造卫星"东方红一号"诞生记》，兰宁远（著），《神剑》2020年第3期。

52.《看中国五十年璀璨"星"光》，丁琳（著），《科学之友（上半月）》，2020年第6期。

53.《中国航天70年回望》，李莉（著），《科学中国人》2020年第10期。

54.《"东方红一号"："飞天梦"的起点》，李白薇（著），《中国科技奖励》2013年第5期。

55.《东方红一号上天记实》，周武、夏丹、陈彩连（著），《太空探索》2010年第4期。

56.《天上的"星"》，本刊编辑部（著），《科学24小时》2021年第1期。

57.《永放光芒的东方红一号—纪念中国首颗卫星升空50周年》，庞之浩、王东（著），《国际太空》2020年第4期。

58.《卫星气象的发展——机遇与挑战》，李俊、方宗义（著），《气象》2012年第2期。

59.《风云气象卫星40年:国际背景下的发展足迹》，杨军、许健民、董超华（著），《气象科技进展》2011年第1期。

60.《北斗卫星导航系统及应用》，贠敏、葛榜军（著），《卫星应用》2012年第5期。

61.《发扬新时代北斗精神》，丁梦扬、陆树程（著），中国社会科学网2020年12月15日。

62.《中国梦 航天强国梦》，阅微（编），河北科学技术出版社，2018版。

63.《载人航天:中国人的飞天圆梦之路》，泉琳（著），《科学新闻》2018年第9期。

64.《"神五"圆梦翻开中国载人航天崭新一页》，章文（著），《科学大观园》2021年第9期。

65.《中国开启建造空间站的新时代》，李国利、黎云（著），新华每日电讯.2021年4月30日第5版。

66.《薪火相传，载人航天精神新征程》，刘冰雅（著），光明网，2019年7月20日.理论频道。

67.《深空探测技术》，孙泽洲等（编著），北京理工大学出版社2020年版。

68.《中国航天简史》，吴沅编（著），上海科学技术出版社2020年版。

69.《嫦娥探月：新华社记者带你探秘》，胡喆（著），新华出版社2021版。

70.《航天使命》，张建启（著），五洲传播出版社2019版。

71.《开天辟地：阿波罗登月计划》，徐大军（著），未来出版社2019版。

72.《中国工程科技2035发展战略：航天与海洋领域报告》，"中国工程科技2035发展战略研究"项目组（著），科学出版社，2020版。

73.《深空探测：月球探测》，侯建文等（编著），国防工业出版社,2016版。

74.《深空探测：火星探测》，侯建文等（编著），国防工业出版社,2016版。

75.《深空探测发展战略研究》，刘继忠（著），《中国科学：技术科学》2020年第50卷第9期。

76.《国家深空探测可持续发展需求——行星科学研究》，潘永信（著），《中国科学基金》2021年第35卷第2期。

77.《嫦娥一号月球探测卫星研制综述》，叶培建,孙泽洲,饶炜（著），《航天器工程》2007年第16卷第6期。

78.《深空探测的现状、展望与建议》，吴季（著），《科技导报》2021年第39期。

79.《我国首次火星探测任务》，耿言、周继时、李莎等（著),《深空探测学报》2018年第5卷第5期。

80.《中国深空探测领域发展及展望》，叶培建、邹乐洋、王大轶等（著），《国际太空》2018年第10期。

81.《中国探月工程》，吴伟仁、刘继忠、唐玉华等（著），《深空探测学报》2019年第6卷第5期。

82.《中国月球探测器发展历程和经验初探》，叶培建、黄江川、孙泽洲等（著），《中国科学:技术科学》2014年第44卷第6期。

83.《国外商业航天发展模式研究》，于淼、戴阳利、张召才（著），《卫星应用》2017年第1期。

84.《太空经济要素之频率资源价值体现》，蓝天翼（著），《卫星应用》2016年第10期.

85.《全球商业航天发展态势及对我国商业航天的启示》，祝彬、郝雅楠、关晓红（著），《军民两用技术与产品》2020年第1期。

86.《埃隆·马斯克与SPACEX的商业传奇》，埃里克·席德豪斯(Erik Seedhouse)（著），机械工业出版社2015年版。

87.《美国SpaceX公司"重型猎鹰"火箭商业首飞成功》，张嘉毅（编），科技中国2019年版。

88.《Boeing, COMSAT. Intelsat I》，Mainyu E A, Aud Publishing2012，p263.

89.《致知商业航天》，孙为钢（著），中国宇航出版社2018年版。

90.《在太空开旅馆毕格罗与他的充气太空舱》，薇薇安（著），《航天员》2016年第2期。

91.《蓝色起源公司"新谢泼德"飞行器及其未来发展分析》，杨开、才满瑞（著），国际太空2018年第7期。

92.《航天发展新动力：商业航天》，张保庆等（著），中国宇航出版社2017年版。

93.《快舟一号甲成功发射"一箭三星"开启中国商业航天新时代》，科轩（著），《中国航天》2017年第1期。

94.《捷龙一号首飞成功开启"纯商业"征程》,高一鸣、王伟童（著）,《太空探索》2019年第9期。

95.《"真正地把中国的商业航天变成中国航天的重要的组成部分"——捷龙一号运载火箭的创新发展之路》,顾楠（著）,《国防科技工业》2019年第9期。

96.《商业航天行业研究:SpaceX以及低轨道小卫星星座启示录》,石康、黄艳（著）,兴业证券股份有限公司2018年。

97.《首次发射入轨!中国民营火箭实现零突破民营商业航天会否出现大变局》,陈惟杉、肖翊（著）,《中国经济周刊》2019年第14期。

98.《国外新兴卫星互联网星座的发展》,刘悦、廖春发（著）,《科技导报》2016年第7期。

99.《中国发布太空旅游三步走计划》,国际品牌观察编辑部（著）,《国际品牌观察》2016第12期。

100.《我国航天运输系统成就与展望》,秦旭东、龙乐豪、容易（著）,《深空探测学报》2016年第3期。

101.《中国空间技术产业化的现状与前瞻》,游光荣,安茂春,仇强华（著）,《科技导报》2001年第19期。

102.《国家民用空间基础设施中长期发展规划(2015-2025年)》,《卫星应用》2015年第11期。

103.《俄罗斯制定2030年前及未来航天发展战略》,赵爽,崔晓梅（著）,《国际太空》2012年第7期。

104.《深空探测让人类走得更远》,火玥（著）,《军事文摘》2020年年第10期。

105.《2019年国外空间探测发展综述》,张扬眉（著）,《国外太空》2020年第2期。

106.《航天强国发展与启示》,戴阳利、于淼（著）,《卫星应用》2014年第3期。

107.《我国航天器发展对材料技术需求的思考》,李明（著）,《航天器工程》2016年第25期。

108.《强国梦是中国梦的坚强支撑》,郝永平、赵慧（著）,《党建》2017年第8期。

109.《新中国成立以来建设航天强国的历史探索与经验启示》,熊若愚（著）,《国防》2019年第11期。

110.《党领导新中国航天事业发展的历史经验与启示》,中国国家航天局（著）,《军工文化》2021年第7期。

111.《在继承和发扬"两弹一星"精神中勇攀科技高峰》,冯华、喻思南（著）,《人民日报》2021年8月28日。

112.《"新型举国体制"下建设航天强国的思考》,张洪太（著）,《国资报告》2020年第6期。

113.《中国导弹研制历程,从钱学森归国谈起》,《科普中国》2020年11月9日。

114.《自主创新推进我国航天事业跨越式发展》,张庆伟（著）,《企业文明》2006年第1期。

115.《碳纤维40年:国际封锁下的艰难攻关》,黄芳芳（著）,《经济》2018年第16期。

116.《中国航天的系统工程管理与实践》,马兴瑞（著）,《中国航天》2008年第1期 。

117.《中国航天系统工程方法与实践》,郭宝柱（著）,《复杂系统与复杂性科学》,2004年第2期 。

118.《面向多型号交叉并行航天产品研制的组织结构改进研究》（学位论文）,王剑君（著）,中国科学院研究生院工程教育学院、中国科学院研究生院,2009年。

119.《把握实质 准确归零——提高质量问题归零有效性研究》,谢晖、李明（著）,《质量与可靠性》2010年第4期。

120.《型号管理要创新 学好标准抓落实——对一位老院长的访

谈节录》，春江（著），《质量与可靠性》2001年第4期。

121.《关于加速航天型号队伍建设的几点思考》，金鑫（著），《航天工业管理》2010年第3期 。

122.《航天道路 航天精神 航天力量——基于中国航天事业发展的思考》，郭世军（著），《桂林航天工业学院学报》2015年第4期。

123.《以新时代的航天精神建设航天强国》，陈雄（著），《红旗文稿》2018年第10期 。

124.《中国航天精神教程》，梁小虹（主编），中共中央党校出版社2019年版。

后 记

探索浩瀚宇宙，发展航天事业，建设航天强国，是我们不懈追求的航天梦。航天科技是科技进步和创新的重要领域，航天科技成就是国家科技水平和科技能力的重要标志。党的十八大以来，我国航天事业不断刷新纪录，航天科技水平实现跨越式发展，一次次飞天逐梦，一次次将梦想变为现实。中国航天事业发展史，就是一部不断突破、不断超越的自主创新史。2022年1月28日，《2021中国的航天》白皮书发布，为中国航天描绘了新的蓝图，中国航天开启全面建设航天强国新征程，必将实现更加恢弘壮丽的航天梦。

本书由中国航天科工集团第二研究院党委书记、副院长马杰担任主编，杨笔豪、夏溧、孙琳琳、李健任副主编，编写组成员来自中国航天科工集团第二研究院党委工作部、中国航天科工集团第二研究院党校、中国航天系统科学与工程研究院等不同部门。

主要撰写者为：第一章，林培源；第二章，刘鑫；第三章，毛倩莹；第四章，艾翔；第五章，田其哲；第六章，赵崧成；第七章，杨风霞；第八章，郭姣姣；第九、十章，沈艳波、齐子萌。王国龙对全书进行了修改完善，徐菁、叶婧瑜、李英民收集了大量资料并对书稿进行了校对。

在本书的编写过程中，王春河、王兆宇、王海宁、石磊、石德平、贝超、申行运、皮钧、孙保卫、吕东明、齐润东、陈章乐、陈志明、张国航、张召才、杨嘉伟、杨宇光、金彤、庞之浩、侯少文、侯群雄、顾保国、袁振、梁小虹、董振华、谭青海、潘晨（以姓氏笔画为序）等领导和专家审阅了书稿并提出了宝贵的修改意见。同时，本书参考和吸取了国内专家学者以及其他官方渠道的研究成果和学术观点，在此，我们一并表示最衷心的感谢。

受编写组自身研究水平和时间所限，想要系统总结和梳理我国航天事业的发展历程和经验启示、全面展现我国在迈向航天强国征程中的重大成就和生动故事，难免力有不逮，书中疏漏及不当之处，敬请各位读者批评指正。

编者

2022年8月

图书在版编目（CIP）数据

建设航天强国 / 马杰主编. —北京：中国青年出版社，2022.10
ISBN 978-7-5153-6768-2

Ⅰ.①建… Ⅱ.①马… Ⅲ.①航天工业－发展史－中国－
通俗读物 Ⅳ.①F426.5-49

中国版本图书馆CIP数据核字（2022）第168279号

"问道·强国之路"丛书
《建设航天强国》
主　　编　马杰

责任编辑　曾玉立
出版发行　中国青年出版社
社　　址　北京市东城区东四十二条21号（邮政编码　100708）
网　　址　www.cyp.com.cn
编辑中心　010-57350402
营销中心　010-57350370
经　　销　新华书店
印　　刷　北京中科印刷有限公司
规　　格　710×1000mm　1/16
印　　张　19.5
字　　数　230千字
版　　次　2022年10月北京第1版
印　　次　2022年10月北京第1次印刷
定　　价　53.00元

本图书如有印装质量问题，请凭购书发票与质检部联系调换。电话：010-57350337

经多方查找，书中仍有个别图片未能与版权方取得联系。我们真诚地希望版权方或作者见书后，持版权证明，尽快与我们联系，以便赠送样书并按照国家有关规定支付版权使用费用。联系电话：010—88525568。

《建设航天强国》编写组